KB260502

IJS 서울대학교 일본연구소
Reading Japan **10**

커티스 교수와의 대담

아베의 일본은 어디로 향하고 있는가

カーティス教授との対話
安倍の日本はどこに向かっているのか

저 자 : 제럴드 커티스(Gerald Curtis)
와카미야 요시부미(若宮啓文)
박철희
역 자 : 유지아

책 을 내 면 서

서울대 일본연구소가 〈리딩재팬〉 시리즈로 인사를 드립니다. 〈리딩재팬 Reading Japan〉은 '스피킹 재팬 Speaking Japan'을 문자로 기록한 시리즈입니다.

저희 일본연구소는 세계와 소통하는 연구 거점으로 거듭나기 위해, 세계의 저명한 연구자와 다양한 분야의 전문가를 초청하여 각종 강연회를 개최하고 있습니다.

강연회는 현대 일본의 복잡다단한 동향과 일본 연구의 세계적 쟁점을 보다 생생하고 신속하게 발신하는 형식입니다. 하지만 '말'을 기억하는 힘은 역시 '글'에 있습니다. 이 작은 책자들 속에는 한 귀로 흘려버리기에 아까운 '말'들을 주워 담았습니다.

〈리딩재팬〉은 일본의 정치, 외교, 경제, 역사, 사회, 문화, 교육 등에 걸친 쟁점들을 글로벌한 문제의식 속에서 알기 쉽게 풀어내고자 노력합니다. 강연회에서 논의된 다양한 주제들을 대중적으로 확산시키고, 일본 연구의 사회적 소통을 넓혀나가는 자리에 〈리딩재팬〉이 함께하겠습니다. 앞으로도 많은 관심을 부탁드립니다.

차 례

강연록

- 아베노믹스란 뭘까요? 세 개의 화살이란.
- 재정 자극 정책, 물가안정목표제(inflation targeting), 성장 전략(이른바 구조개혁)을 가리킵니다.
  아베노믹스가 잘 풀릴 것인가, 아니면 대실패로 끝날 것인가 여부는 현 시점에서는 결론을 내릴 수 없을 것입니다. 중요한 것은 세 번째 화살, 구조개혁입니다.

커티스 교수와의 대담

아베의 일본은
어디로 향하고 있는가

Gerald Curtis

사 회: 저희 일본연구소는 시시각각으로 변화하고 있는 일본 사회를 정확히 파악하여 그 의미를 분석하고 있습니다. 이는 일본을 대상으로 하는 지역연구 기관으로서의 의무이기도 하고, 이 일본 진단 세미나가 열린 이유 가운데 하나이기도 합니다.

오늘 일본 진단 세미나에서는 제럴드 커티스 교수를 초청하여 특별 기획 강연을 개최하고자 합니다. 특별 강연은 '아베 총리하에서 일본의 정치와 외교가 어디로 향하고 있는가'라는 테마로 실시됩니다. 정말 시의적절한 기획이라 하겠습니다. 오늘 세미나는 커티스 교수의 강연 후, 아사히신문 전 주필이자 본 연구소의 객원 연구원이신 와카미야 요시부미(若宮啓文) 씨와 박철희 서울대학교 일본연구소 소장 겸 국제대학원 교수를 초청하여 패널토론을 실시하고, 플로어에 계신 여러분과 함께 자유토론의 장을 가질 예정입니다.

강연: 정말 감사합니다. 안녕하세요.

이곳 서울대학교에서 일본어로 강연하게 될 줄은 꿈에도 생각하지 못했습니다. (웃음)

박철희 선생님께 제안을 받고, 또 제 지인인 와카미야 씨도 참가하게 된 이러한 기회에 서울대학교 학생 여러분과 만나 이야기하게 된 것을 기쁘게 생각합니다. 강연 후 가능한 한 많은 질문을 해주시기 바랍니다. 강연은 짧게 하고 토론 시간을 오래 가졌으면 좋겠습니다. 말은 이렇게 하여도 제 이야기 쪽이 더 길어지게 되리라고 생각합니다만.

자, 그럼 아베 신조 총리대신 정권하에서 일본 정치는 어디로 향하고 있는 것일까요? 일본의 정치, 경제, 외교는 크게 변화하고 있는 것일까요, 아니면 변하지 않고 있는 것일까요? 이에 대해 제 나름대로의 의견을 말씀드리려 합니다.

1. 아베노믹스란 무엇인가

아베 씨가 총리대신이 된 지 약 3개월 반, 그러니까 100일 정도가 되었습니다. 미국에서는 새로운 대통령이 임명된 후 얼마 지나지 않은 이 시기를 첫 백일(first hundred day)라고 표현합니다. 대통령 자신이 생각하는 우선순위, 즉 목표하는 바를 이 100일 사이에 국민에게 알리고 보여 주어야 하는 것이 전통적인 방식입니다. 일본에는 이런 관례가 없지만, 아베 씨는 첫 백일 동안 일을 추진하는 수완이 훌륭했다고 말할 수 있습니다. 정말 능숙하게 최초의 100일간을 밀고 나갔다고 저는 평가하고 있습니다. 어쨌든 일본의 분위기가 깜짝 놀랄 정도로 바뀌었습니다. 저는 일본에서 자주 강연을 하는데, 최근 20년간 '일본인들의 기운을 조금 더 북돋워 주어야 한다'는 마음에서, "세계가 일본을 안 좋게 평가하고는 있지만, 일본에는 강한 면이 있습니다."라고 위로해왔을 정도입니다. 하지만 지금은 그런 말을 할 필요가 없습니다. 아베 씨 스스로 '강한 일본'이라는 말을 쓰고 있기 때문입니다. 아베노믹스로 인해, 일본에는 앞으로 밝은 미래가 기다리고 있다는 분위기가 확산되고 있습니다. 일본은 지금 낙관적입니다. 해외 투자가들이 20년 만에 '일본이 드디어 움직이기 시작했다'고 느끼고 있습니다. 때문에 주가가 오르고 엔화가 하락하고 있으며, 이에 비례해 아베 씨의 인기가 계속 상승하여 (지지율) 70퍼센트 이상을 유지하고 있습니다. 역시 대단한 성과라고 생각합니다.

가끔 현 총리대신인 아베 신조 씨가 6년 전 1년 동안 총리직에서 큰 실패를 경험한 이후 병을 이유로 사직한 그 아베 씨와 정말 같은 인물인지 의심할 정도입니다. 마치 다른 사람처럼 수법이 바뀌었습니다. 6년 전의 아베 씨는 아름다운 나라를 만들겠다든가 하는 뭔가 장기적이고 추상적인 아이디어뿐이었고, '아름다운 나라를 만들어서 국민의 생활을 어떻게 개선해 나갈 것인가'라는 의문에 대해서는 대답을 내놓지 않았습니다. 이것이 아베 씨의 가장 큰 실수였습니다. 일본의 속담에, 한국에도 아마 비슷한 표현이 있으리라 생각됩니다만, '실패는 성공의 어머니'라는 말이 있지 않습니까. 정말 아베 씨는 이를 경험한 것 같습니다. 자신의 실패를 확실히 반성한 뒤 무언가를 배운 것 같습니다. 지금은 아름다운 일본이라는 표현은 사용하지 않습니다. 아베노믹스라는 말만 사용합니다. 게다가 상당히 능숙하게 브랜딩하고 있습니다.

그럼, 아베노믹스란 뭘까요? 세 개의 화살이란, 재정 자극 정책, 물가안정목표제(inflation targeting), 성장 전략

(이른바 구조개혁)을 가리킵니다. 기억하기 쉽지요. 대다수의 일본인들에게 세 개의 화살, 아베노믹스는 뭔가 굉장히 신선한 느낌을 줍니다. 그의 인기가 점점 오르는 것도 그 때문입니다. 돌이켜보면, 자민당이 정권을 되찾고 아베 씨가 총리대신이 된 것은 12월 총선거의 결과입니다. 단, 12월 총선거 시점에서는 아베 씨를 비롯해 자민당 정치가들을 총리대신으로 뽑으려는 유권자는 거의 없었다고 말해도 좋을 것입니다. 12월 총선거 결과는 3년이나 되는 기간 동안 전혀 없었다고 해도 좋을 정도로 뚜렷한 성과를 내놓지 못했던 민주당을 빨리 내쫓아버리고 싶다는 유권자의 마음이 표출된 것에 지나지 않았습니다. 일본 유권자 대다수가 정치에 대해 무관심함을 넘어 혐오감을 품고 있었는데, 이는 이전 12월 선거의 투표율이 전후 최저였으며 이전 선거보다 10%포인트나 하락한 데서도 알 수 있습니다. 아베 씨의 인기도 그렇게 높지는 않았으며, 자민당이 압승했던 것도 자민당을 지지했기 때문이 아니라 민주당을 쫓아내고 정권을 잡을 수 있는 정당은 자민당밖에 없다는 심리가 작용하여 이것이 정권 교체로 연결된 것입니다. 이것을 고려하면, 이 3개월 동안 국민 지지율의 상승, 여기에 아베 씨에 대한 70퍼센트의 국민 지지도 큰 성과라 할 수 있을 것입니다.

그럼 이 인기를 지탱하고 있는 세 개의 화살에 대해 먼저 조금 이야기를 해 보지요. 우선, 재정 자극 정책입니다. 예산연도는 4월 1일부터 시작하여 다음 해 3월에 종결되므로, 올해 3월이 끝날 때까지는 2012년도 예산이 됩니다. 얼마 전 10조 엔의 추경예산을 정했는데, 2012년도 예산의 추가경정으로, 그 가운데 6조 엔 정도가 흔히 말하는 공공사업예산입니다. 도로나 다리, 여러 가지 인프라 건설을 위해 할당한 예산으로, 즉 재정 자극 정책을 통해 국가가 많은 돈을 시장에 풀면 그만큼 성장률이 오른다는 것입니다. 아베 씨의 주 목표는 두 가지입니다. 첫째는 무슨 일이 있어도 올해 7월 참의원 선거에서 승리하는 것, 그러기 위해서는 일본 경제가 상승하고 있다는 분위기를 형성하는 것이 대단히 중요합니다. 또 하나는, 작년 10월경 민주당 내각이 통과시켰고 자민당도 찬성했던 소비세법과 관련된 것입니다. 소비세를 5%에서 내년에 8%로 인상하고 최종적으로는 10%까지 올린다는 내용을 정한 법안입니다. 재작년에는 소비세를 배로 하는 법안을 확인했고, 이번 가을에는 이것을 최종적으로 내각이 결정해야 합니다. 그러나 성장률이 전혀 상승하지 않는 상태에서는 소비세를 올릴 수도 없고, 올리지도 않을 것입니다. 참의원 선거에서의 승리와 소비세 증세라는 이 두 가지 목표가 아베 내각 경제정책의 배경에 있습니다. 자민당은 민주당의 노다(野田佳彦) 씨에게 감사 편지를 써야 한다고 봅니다. (웃음) 소비세를 10%로 하겠다는 법안은 자민당이 처음에 제출한 것이지만 실제 정치적으로 비판을 받은 것은 자민당이 아니라 민주당의 노다 정권이었으니, 자민당으로서는 정말 감사한 일이라고 해야 할 것입니다. 어쨌든 재정 자극 정책은 이런 의미에서 아마 크게 성공할 것입니다. 단기간에 성장률을 올리고 참의원 선거에서도 승리하겠지요.

문제는 이것이 새로운 것도 무엇도 아닌, 낡은 자민당 그 자체라는 점입니다. 요컨대, 지금까지의 자민당 정책과 마찬가지로 정부가 가지고 있지 않은 돈을 사용합니다. 국채를 많이 발행하고, 돈을 빌려 이를 뿌립니다. 공공사업을 통해 예산을 마구 뿌리면서 가능한 한 많은 사람들을 만족시킵니다. 이것으로 성장률이 조금 오른다 해도 그 돈을 다 써버리면 다시 성장률이 내려갑니다. 일본의 재정이 GNP에 비해 200% 이상 적자인 이유가 여기에 있습니다. 이것은 새로운 문제가 아닙니다. 그래도 어쩌면 지금은 이러한 대책이 필요한 시기일지도 모릅니다. '먼저 정부가 돈을 출자하여 경제를 자극하면, 이에 따라 분위기가 바뀌고 기대감이 생겨 사람들의 행동도 바뀐다. 거기에 회사의 투자 등을 통해 지속 가능한 성장률 상승으로 이어가는 성장 전략을 실행한다', 전반적으로 이러한 전략이라고 생각합니다.

　　새로운 점은 인플레이션 타깃을 2%로 설정하고 어떻게든 이를 달성한다는 신 일본은행 총재인 구로다(黑田東彦) 씨의 약속이 시장에 큰 영향을 끼치고 있다는 점입니다. 지금까지도 전 일본은행 총재였던 시라카와(白川方明) 씨하에서 이지머니(easy money)와 같은 정책을 계속 취해왔지만, 디플레이션으로부터 좀처럼 벗어나지 못하고 있었습니다. 구로다 씨하에서 통화공급(money supply)을 배가시키고, 돈을 시장에 많이 내놓아 디플레이션에서 벗어난 후 인플레이션 2%를 목표로 한다면 어떤 영향을 끼칠까요? 가장 단순하게 생각하면, 디플레이션 상황에서는 돈을 은행에 둔다 해도, 내년 또는 내후년이 되어도 그 가치가 현재와 전혀 변하지 않습니다. 즉, 지금 무언가를 사든 내년에 사든 가격이 변하지 않습니다. 하지만 인플레이션이 되면, 올해 사려고 했던 물건을 내년까지 사지 않으면 그 가격이 오릅니다. 때문에 소비자와 기업은 경제 회복의 조짐이 전혀 보이지 않는다고 느끼게 되면 돈을 쓰지 않지만, 반대로 경제가 잘 풀릴 것이라는 기대감이 있으면서 동시에 틀림없이 인플레이션이 온다는 것을 알게 되면 곧 회사가 투자를 하기도 하고 소비자가 물건을 구매하기도 하는 것이 이치입니다. 바로 물가안정목표제가 국민 심리에 끼치는 영향입니다. 현재 아베 씨는 이 두 개의 화살을 이미 쏘았습니다. 또 이것은 어떤 의미에서는 성공했습니다. 실물경제가 바뀌었다는 것이 아니라, 사람의 마음이 바뀌었다는 의미에서 성공한 것입니다. 단, 이것은 기대감만으로 언제까지나 잘될 리 없고, 이제 슬슬 실물경제까지 좋아지지 않으면 '대체 무엇을 위해 아베노믹스를 실시했는가'라는 생각을 하게 될 것입니다. 현 시점에서 일본 언론은 거의 의문점을 제기하고 있지 않습니다. 하지만 인플레이션 타깃과 재정 자극 정책은 시간을 버는 정책이며, 그 사이에 소위 세 번째 화살인 구조개혁에 잘 그리고 빨리 착수하지 않으면 아베노믹스는 대실패로 끝날 가능성이 크다고 봅니다.

2. 아베노믹스, 과연 성공할 것인가

인플레이션이 되면 가장 먼저 오르는 것은 식료품 가격과 유가입니다. 일본에서 식료품과 에너지는 수입에 의존하고 있기 때문입니다. 엔화가 싸진다는 것은 수입가격이 비싸진다는 뜻이기 때문에 부담으로 다가옵니다. 식료품 가격이 상승하고, 에너지, 특히 석유 가격까지 오르는데도 임금이 상승하지 않는다면, 인플레이션이 바람직하다고 생각하는 사람은 없을 것입니다. 이런 위험이 있습니다. 또 하나의 문제는, 일본은행으로부터 돈을 저렴한 이자로 빌릴 수 있기 때문에, 일반 은행은 돈을 가지고 있긴 하지만 돈을 빌리는 상대가 없어집니다. 돈을 저렴한 이자로 빌릴 수 있게 되면, 경영이 잘 되던 회사가 낮은 이자로 돈을 빌려 투자를 하게 됩니다. 그럴 가능성은 큽니다. 이것을 일본 국내에서 하느냐 여부가 문제입니다. 엔화를 저렴하게 빌려서 태국이나 베트남, 미얀마나 미국에 투자한다고 합시다. 일본에서 돈을 빌려 외국에 투자하면, 회사는 돈을 벌 수 있을지 모르지만 일본 공업, 일본 경제에는 직접적인 좋은 영향을 주지 못합니다. 이런 투자는 문제가 심각합니다.

그러므로 아베노믹스가 잘 풀릴 것인가, 아니면 대실패로 끝날 것인가 여부는 현 시점에서는 결론을 내릴 수 없을 것입니다. 중요한 것은 세 번째 화살, 구조개혁입니다. 여기에는 시간이 상당히 많이 걸립니다. 또한 긍정적으로 구조개혁을 해 나간다는 인상을 시장과 국민에게 주는 것도 매우 중요합니다. 7월 참의원 선거에서는 아마도 큰 이변이 없는 한 자민당이 압승하겠지요. 자민당의 연합 파트너인 공명당과 합쳐 과반수 의석을 차지할 것입니다. 의석 대부분을 차지할 정도의 정당은 그 외에 하나도 없습니다. 민주당이 참패하리라는 것은 거의 확실합니다. 오사카유신회[1] 대표 하시모토(橋下徹) 오사카 시장과 이시하라 신타로(石原慎太郎) 씨가 공동대표인 일본유신회[2]가 민주당보다 더 많은 의석을 차지할 가능성이 있긴 하지만, 자민·공명당을 위협할 정도의 세력은 아닙니다. 즉 자민당은 지금 아베 씨의 인기를 봐도 상당한 의석 수를 차지하겠지요. 문제는 선거 후 아베노믹스의 세 개의 화살을 충실하게 수행하느냐 여부인데, 이것이 불투명합니다.

산업경쟁력회의라고 하는 아베 산하에서 구조개혁의 청사진을 만드는 조직이 있는데, 민간인 10명으로 구성되

---

1) 大阪維新の会, 일본 오사카 부를 중심으로 하는 정치단체로, 대표는 오사카 부지사 하시모토 토오루. 2010년 4월에 결성하여, 2011년 4월 시의원 보궐선거에서 오사카 부 의회 전체 의석 109개 중 57개, 오사카 시 의회 전체 의석 86개 중 33개, 사카이 시 의회 전체 의석 52개 중 13개를 차지하며 약진하고 있다.
2) 日本維新の会, 일본의 극우 정당으로 지역정당인 오사카 유신회가 모체이다. 2012년 9월 8일의 전체 소속 의원 회의에서 일본 국정 진출을 공식 결정함에 따라, 당명을 '오사카유신회'에서 '일본유신회'로 개명하는 것에 합의하였다. 9월 11일에 민주당과 자유민주당, 민나노당 소속의 중·참의원 7명이 소속 정당을 탈당하고, 유신회에 정식으로 합류하였다.

어 있으며, 상당히 재미있는 젊은 세대의 비즈니스맨이 모여 있습니다. 라쿠텐(楽天)의 미키타니(三木谷) 씨, 로손(ローソン)의 니이나미(新浪剛史) 씨, 또 다케다(武田)(약품회사)의 하세가와(長谷川閑史) 씨와 다케나카 헤이조(竹中平蔵) 씨 같은 분들이 참가하고 있습니다. 얼마 전 이 가운데 한 사람과 식사를 할 기회가 있었습니다. 마침 회의가 끝난 직후라 약속 시간보다 늦게 레스토랑에 오셨는데 매우 화가 나 있었습니다. 회의에 나가면 10명이 각각 우선시하는 일과 하고 싶은 일이 다르고, 스태프들은 경산성(經産省)에서 나온 사람들로, 의견이 잘 모아지지 않도록 서류를 숨기거나 논쟁을 붙여서 결국 아무 결론도 내지 못한 채 미팅이 끝난다고 합니다. 요컨대 톱 리더인 아베 씨의 리드가 없으면, 경쟁 회의에서 과감한 결론이 나오지 않을 가능성이 높다는 것입니다. 구조개혁이라는 것은 매우 어려운 일로, 다양한 기득 권익의 반발, 저항, 반대가 강하기 때문에, 많은 일을 하려고 할수록 아무것도 할 수 없게 됩니다. 즉 아베 씨가 세 개나 네 개 정도, 이것만은 일단 해야 한다는 태도로 나오지 않으면, 구조개혁은 실패로 끝난다고 봐도 좋을 것 같습니다.

하나 더, 실패로 끝날 가능성의 이유로 생각할 수 있는 것은 참의원 선거 후에 내각 개조를 할 경우입니다. 왜

냐하면 같은 대신이 적어도 1년 반에서 2년 동안 성청(省廳)에서 일하지 않으면, 관료, 즉 관청 사람들은 대신을 손님 취급하면서 그 '손님'이 돌아갈 때까지 좋은 얼굴을 하고 있을 것이기 때문입니다. 예전에 영국의 TV방송에서 'Yes, Minister!'라는 제목의 시트콤을 방송하였습니다. 대신이 사무차관을 불러 이것저것 지시를 내리고 방을 나갑니다. 1주일 정도 지나서 대신이 그것이 어떻게 됐냐고 물으면, '아직 검토 중입니다' 또는 '지금 하고 있습니다' 하고 대답합니다. 그러면 대신이 또 나갑니다. 이러는 사이에 대신은 교체되어버립니다. 이것은 일본 정치의 근본적인 문제 중 하나이기도 합니다.

얼마 전의 이야기입니다만, 자민당이 바뀐 것 같으면서도 바뀌지 않았다는 것을 실감한 조금 실망스러운 사건이 있었습니다. 현 아베 내각 대신과 저녁 식사를 하는 자리에서 그분이 담당하고 있는 관청의 개혁에 대해 이야기를 할 때였습니다. 여러 가지 재미있는 아이디어가 잔뜩 있기에, "대신님, 어떻게든 오랫동안 대신으로 재직하셔서 관료들이 게으름 피우지 못하도록 힘내시기 바랍니다."라고 말했는데, 이에 대한 대답이 흥미로웠습니다. 그는 "그것은 별개 문제입니다. 대신으로 오랫동안 근무할 수 있을지 여부는 제가 정하는 게 아니라 총리대신인 아베 씨가 정하는 거니까요."라고 말했습니다. 그것은 확실히 그렇지만, 그는 또 "저번 선거에서 압승하면서 대신이 되고 싶다는 동료들이 줄을 서서 기다리고 있기 때문에, 양보하지 않으면 당내의 불만이 상당히 높아지니까요."라고 말했습니다. 만약 참의원 선거 후 대신이 또 바뀐다면, 지금 하고 있는 일은 다시 제로로 돌아가는 것입니다. 새로운 대신이 온 후에 하자는 식이 됩니다. 참의원 선거 후에 큰 내각 개조는 없을 것이라 생각합니다만, 일본의 정치가 얼마나 바뀌었고, 또 얼마나 바뀌어갈지는 좀 의문입니다.

한국에서 여러 분들과 만났을 때 많이 들은 얘기가, 20년간 계속 일본 경제가 저조한 상태였는데 왜 지금에 와서야 자민당이 이런 일을 하는가, 왜 더 빨리 하지 않았는가 하는 것이었습니다. 저는 그 대답에 대해 이렇게 생각합니다. 3년 전 선거에서 낙선하여 하야했을 때 받은 쇼크 때문이라고 말입니다. 이른바 기득 권익, 자민당과 밀접한 관계를 갖고 있는 농협(JA) 조직, 의사회 등 다양한 그룹의 지지를 받았는데도 낙선하여 정권을 빼앗기고 말았습니다. 때문에 그들에게만 의존해서는 안 되고, 또 그들의 말만 들으면 자민당은 다시 실패할 것이라는 초조함이 있습니다. 야당이 되었던 충격은 매우 컸습니다. 아베 씨가 TPP(환태평양 FTA)에 참가하는 일도, 모두 참의원 선거 후에 결정할 것이라고 예상했던 것을 참의원 선거 전에 결정한 사실은 지금 이야기와 매우 밀접한 관계가 있습니다. TPP에 참가하지 않으면 농협으로부터 많은 표를 얻을 수 있느냐 하면 그것도 아닙니다. 그보다는 TPP에 참가하면 과반수의 일본인이 지지할 것이라고 예상한 것입니다. 확실히 그랬습니다. 여론조사를 봤을 때 일본인들의 절반 이상이 아베 씨의 결정을 지지했습니다. 그런 의미에서 일본 사회도 바뀌었고, 일본의 전통적인 집표 머신이 옛날처럼 잘 작동하지 않기에 자민당의 방식이 바뀌었다는 점도 있을 것입니다.

3. 아베노믹스, 무엇이 문제인가

지금까지는 매우 잘 풀려온 점만 다뤄봤는데요, 그럼 무엇이 문제일까요? 지금부터 어떤 문제가 일어날지에 대해 이야기해 보면, 다음 세 가지 점을 들 수 있습니다. 첫째로, 세 번째 화살을 쏠지 여부, 즉 아베노믹스가 잘 풀릴 것인지 여부입니다. 여기에 대해서는 지금까지 말한 대로입니다. 둘째는 외교 문제입니다. 이것이 부상하면 아베 씨가 매우 곤란해집니다. 세 번째는 헌법개정 문제입니다. 지금까지는 아베노믹스에 초점을 맞춰 왔지만, 참의원 선거에서 압승하게 되면 경제보다 헌법개정에 힘쓰게 되지 않을까 하는 점입니다.

그러면 외교 문제를 한번 보지요. 아베 씨는 자민당 우파에 속하는 사람으로, 이데올로기적으로는 우익 쪽입니다. 총리대신이 되었을 때 〈뉴욕 타임스〉가 사설에서 아베 씨에 대해 맹렬하게 비판했습니다. 특히 위안부 문제에 관해서였습니다. 한국에서는 예전부터 관심을 가지고 있었기 때문에 이것이 한일 사이에서 큰 문제가 되었습니다. 이에 대해서는 미국도 큰 관심을 기울이고 있었기 때문에, '강제도 무엇도 아니었다'는 왠지 변명 같은 아베 씨의 설명 방식은 미국도 매우 비판하고 있습니다. 힐러리 클린턴이 국무성에 'comfort woman'이라는 표현이 아니라 'sexual slavery'라는 말을 사용하도록 명령한 일에서도 알 수 있듯이, 이 문제는 미국에서도 매우 민감합니다. 아베 씨에게서 느끼는 일종의 불안감은 한국뿐 아니라 미국에도 있습니다. 단, 총리대신이 된 후 아베 씨는 매우 신중합니다. 그 태도는 제가 〈포린어페어스(Foreign Affairs)〉에 게재했던 논문의 제목에도 썼듯이, 'Japan's Cautious Hawks', 즉 '신중한 매파(派)'라 할 수 있습니다.

매파임에는 틀림없지만 신중하다는 의미입니다. 이데올로기적으로는 우파, 즉 가슴은 우파지만, 머리는 매우 실리적으로 움직이고 있습니다. 이것이 계속될지 어떨지가 문제입니다.

그는 2월에 워싱턴에 갔습니다. 오바마가 대통령이 됐을 때 총리대신은 아소타로(麻生太郎) 씨였는데, 이후 매년 바뀌었습니다. 아소타로, 하토야마 유키오(鳩山由紀夫), 간나오토(菅直人), 노다 씨, 아베 씨 등으로 매년 바뀌었기 때문에, 힐러리 클린턴은 도쿄에서 열린 회의에서 상대방으로 나온 노다 총리대신에게 "Oh, Foreign Minister Noda!"라고 말했다고 합니다. 이렇듯 누가 총리대신인지 외무대신인지 알 수 없을 정도로 자주 바뀌어서, 오바마 대통령이 아무리 힘을 쏟는다 해도 아베 씨가 언제까지 총리직을 계속할지 알 수 없다고 여기는 측면도 있습니다. 한편 오바마 대통령은 아베 씨가 대체 어떤 사람인지 보고 싶은 마음도 있었을 것입니다.

워싱턴에서 아베 씨는 세 가지 측면에서 큰 호감과 신뢰감을 주었습니다. 하나는 TPP에 참가하고 싶다고 언급한 점입니다. 참의원 선거가 끝난 후에야 태도를 명확하게 할 것이라고 생각한 모든 사람의 예상과는 달리, 워싱턴에서 오바마 씨와 약속을 하고 귀국 후에 발표했습니다. 근래에 다음과 같은 이야기를 듣고 나서야 납득했는데, 아베 씨가 제 지인에게 "내가 참의원 선거가 끝난 후에 TPP에 참가하겠다는 발표를 할 것이라고 생각했던 것 같은데, 그런 일을 하면 일본 국민은 틀림없이 나를 거짓말쟁이라고 생각할 것 아닌가."라고 말했다고 합니다. 즉, 해야 할 일이 정해져 있음에도 불구하고 선거 때문에 공언하지 않는 방식은 그다지 현명하지 않다는 뜻입니다. 실로 그 말대로입니다. 하루라도 빨리 선언한 일은 정치적으로도 탁월한 선택이었으며, 어쨌든 오바마 대통령은 매우 기뻐했을 것입니다. 또 하나는 후텐마(普天間) 문제입니다. 기노 만(宜野湾)이라는 오키나와 한가운데에 있는 해병대 기지를 사람이 거의 거주하지 않는 나고 시(名護市)의 헤노코(辺野古)로 이전하는 안건입니다. 1996년 하시모토 내각 때부터 자민당이 하려고 했으나 해내지 못한 일이었습니다. 그리고 하토야마 씨가 당수였을 때도 민주당은 현 외 이전을 목표로 했지만 결국에는 하지 못했습니다. 이것을 아베 씨가 하겠다고 말한 것은 오바마 대통령에게 있어 고마운 일이지 않았나 생각합니다. 헤노코로 이전할 수 있을지 여부는 알 수 없습니다만, 어쨌든 드디어 오키나와 지사에게 Yes냐 No냐 결정하도록 하는 데까지는 왔습니다. 세 번째로 중국에 대해 도발적인 말을 하나도 하지 않은 점입니다. 아베 씨가 반중적이라는 의견도 있었기 때문에 센카쿠 문제에 관해 중국에 매우 강경한 발언을 해서 미국을 곤란하게 하지 않을까 하는 걱정이 있었습니다만, 그런 말은 하나도 하지 않았습니다. 아베 씨의 방미는 성공했고, 그는 위기 상황이었던 미일 동맹을 완전히 부활시켰다는 평가를 받았습니다. 하지만 이것은 아베 씨가 그렇게 말한 것이 아니라, 일본 언론이 그렇게 쓴 것입니다. 일본 언론이 그렇게 쓰는 것은 좀 아니라는 생각입니다. 왜냐하면 미일 동맹은 사실 전혀 위기 상황에 빠져 있지 않았기 때문입니다. 미일 관계는 그 뿌리가 매우 깊기 때문에, 하토야마 씨가 실수를 해도 무너지지 않았고, 노다 씨에 이르러서는 (미일 관계 수립에 있어) 높은 평가를 받았습니다. 민주당 정권하에서도 위기 상황에 빠진 적이 없었고, 거기다가 아베 씨의 방미도 좋았습니다.

그럼 외교 문제에서 중요한 것은 무엇일까요? 중국과 한국, 즉 이웃 나라들과의 관계입니다. 간단히 말하면, 중국에 대해서 그는 매우 신중합니다. 전략적 호혜 관계, 즉 좋은 관계를 만들어 나가려 합니다. 그러나 센카쿠 문제에 관해서는 한국이 독도에 대해 취하는 태도와 아베 씨가 센카쿠에 대해 취하는 어조가 완전히 동일합니다. 즉

'우리나라의 영토이므로 이야기할 필요가 없다'는 태도입니다. 이것은 한국이 독도에 대해 생각하는 방식과 동일합니다. 독도는 한국의 영토이므로 '분쟁은 존재하지 않는다', '분쟁 지역이 아니다', 그렇기 때문에 일본과 이야기할 것이 없으며, 한국 것이니까 그것을 인정하면 되지 않느냐는 것이 한국의 입장입니다. 마찬가지로 센카쿠는 일본 영토라는 입장입니다. 일본 방위백서를 보면 영토 문제가 두 가지 있습니다. 즉, 다케시마와 북방영토 문제이며, 그 어디에도 센카쿠 열도 문제는 쓰여 있지 않습니다. 가끔 중국이 센카쿠 제도 근처에 배를 보내기도 하고, 말도 안 되는 일을 저지르기도 하지만, 영토 문제는 아니라는 것이 아베 씨의 입장입니다. 이것은 이시하라 전 도지사의 무책임한 행동 때문에, 매우 뜨거운 쟁점이 되어버렸습니다. 일본은 더욱 긍정적인 대화를 할 필요가 있다고 봅니다. 과거에 등소평은, 센카쿠 문제는 우리의 지혜로는 해결할 수 없는 난제이므로 다음 세대에 맡기자는 유보론을 내놓았습니다. 그 방법을 통해 분쟁이 있다는 것을 인정한 후 올해든 다음 해든 10년 후든 이야기를 하자는 것이 중국이 추구하는 방식입니다.

4. 아베노믹스와 한일 관계, 그 전망은?

　마지막으로 제가 미국인으로서, 제3자의 입장에서 한국과 일본에 드리고 싶은 이야기가 세 가지 정도 있습니다. 첫째는 독도 문제입니다. 독도는 한국이 지배하고 있는 섬이며, 일본이 여기에 도전하려는 것으로 보이지는 않습니다. 아베 씨가 일본의 영토라며 독도에 군함을 보내 빼앗으려 할 리 없고, 그럴 생각조차 하지 않을 것입니다. 독도가 한국의 지배하에 있다는 것을 납득하고 있다고 봐도 좋을 것입니다. 그저 의견을 물어보면 표면적으로 일본 영토라고 말할 뿐입니다. 적어도 정권의 수장이 된 일본인들, 즉 일본 정부가 이상하게 생각하는 것은, 한국이 독도를 지배하고 있다는 점이 분명한데도 왜 목소리를 높여 독도 문제를 꺼내느냐 하는 것입니다. 독도는 한국인이라면 누구나 알고 있는 이름입니다. 매우 상징적인 의미가 있습니다. 하지만 다케시마를 알고 있는 일본인은 최근까지 거의 없었습니다. 한국 대통령이 독도에 가면, 어찌 됐든 표면상으로 일본 정부는 '일본 영토니까 가면 안 된다', '일본 수상도 즉시 가야 한다'고 주장할 수밖에 없습니다. 그리고 점점 다케시마가 일본 영토라는 사고방식과 의식이 퍼지고 있습니다. 독도 문제를 해결하는 방법은 아주 명확합니다. '말하지 않는다', '대화하지 않는다', '가능한 무시한다'는 것입니다. 이렇게 하면 일본 정부도 거의 문제 삼지 않으리라 생각합니다. 한국 친구에게 이 이야기를 하자, "그런데 말이야, 일본 쪽에서 다케시마의 날을 만든 것에 반발해서 이명박 대통령이 독도에 간 것이잖아."라고 했는데요, 어쨌든 가장 중요한 것은 이 문제를 국내 정치만을 위해 이용해서는 안 된다는 것입니다. 특히 한국은 이 문제를 국내 문제, 한국인의 내셔널리즘, 반일 감정을 일으키기 위해, 또는 자국의 입장을 강화하기 위해 이용하고 있는데, 국익 측면을 생각했을 때 좋지 않다고 저는 생각합니다.

더욱 어려운 것은 위안부 문제입니다. 일본은 항상 법률적인 입장에 서서, 1965년 국교 정상화 때 법적 문제가 모두 해결되었기 때문에 더 이상 법적책임이 존재하지 않는다는 태도인데, 법률주의와 법적 논의가 아니라 이는 앞으로 한국에 있어서, 특히 여성들에게 있어서 매우 중요한 문제입니다. 그렇기에 일본이 더 마음을 열고 'I'm sorry'라고 사죄하는 태도를 구체적인 형태로 표시하면 되는 것이고, 그렇게 해야 한다고 저는 생각합니다. 이런 역사 문제가 언제까지 계속될까요? 앞으로 오랫동안 계속될

테지만, 한일 관계는 서로에게 매우 중요한 관계이므로 가능한 한 이런 역사 문제가 크게 배가되어 큰 문제가 되지 않도록 배려해야 한다고 생각합니다.

　마지막으로, 이전에 아베 신조 씨가 한국 잡지 '월간 조선'에 인터뷰를 했습니다. 기자가 "아베 씨는 집단적 자위권 행사나 국방군 설립 등, 한국 입장에서 보면 매우 극우적인 일을 하려는 것처럼 보이는데요, 극우라는 비판에 대해 아베 씨는 어떻게 생각하십니까?"라고 질문하자, 그는 "한국은 자국의 집단적 자위권을 인정하고 있지 않습니까? 한국 군대는 군대라고 하지요. 왜 일본은 집단적 자위권을 인정받아선 안 되는 건가요? 왜 일본은 육군과 해군과 공군을 그렇게 부르면 안 되는 건가요? 왜 자위대라고 불러야 하나요? 왜 국방군이라고 말할 수 없나요? 제가 극우라면, 전 세계가 극우입니다."라고 대답했습니다. 그러니까 결국은 이런 것입니다. 한미상호방위조약은 상호적인 안전보장으로서 서로 지켜주자는 입장인 데 반해, 미일안전보장조약은 일방적이죠. 왜 한국은 일본이 이러한 속박에서 벗어나는 것에 대해 '일본의 우익적인 사고'라고 생각하는가, 이런 사고에 대해 대답을 잘 정리해볼 필요가 있습니다. 아베 씨의 발언에 대해 일본에서는 동의하는 사람이 점점 많아지고 있다고 봅니다. 대답을 몇 개 정도 생각해볼 수 있습니다. 첫째, 일본의 DNA 속에 군국주의가 존재하고 있을 것이라는 완벽한 편견입니다. 이런 헌법상의 속박이 없으면 일본이 다시 군국주의로 돌아갈 것이라는 생각은 편견이라고밖에 말할 수 없습니다. 전후 75년 동안 계속 평화로웠던 나라입니다. 또 하나는 사과(apology)에 진심(sincerity)이 없다는 주장입니다. 전쟁 중에 행했던 비인도적인 행위에 대해 사과를 몇 번씩 하고 있긴 하지만 문제는 신용할 수 없다는 것입니다. 그렇기 때문에 위안부와 독도 문제가 전부 연결되는 것입니다.

또 하나, 제가 요즘 생각하는 것은 일본과 독일의 가장 큰 차이가 무엇이냐 하는 점입니다. 유럽에서는 지역적인 안전보장 조직으로서 NATO가 있습니다. 하지만 아시아에는 그런 것이 없습니다. 독일은 NATO 안에 속해 있습니다. 일본의 경우 미일안보와 일본의 헌법이 있습니다. 미일안보는 리먼 쇼크 이래 미국이 일본에 요구하는 사항도 늘어나서, 안보의 의미가 변화해 왔습니다. 헌법 개정이 이루어지면 일본을 묶고 있던 속박이 없어집니다. 요컨대, 앞으로 아시아가 어떻게 안전보장공동체(security community), 즉 서로 전쟁은 있을 수 없다고 하는 지역적인 커뮤니티를 만들어나갈 것인지가 무엇보다 중요해졌습니다. 때문에, 한일 간의 다양한 교류, 문화교류, 학생

교류, 한일 FTA등 다양한 레벨에서 관계를 강화해갈 필요가 있다고 생각합니다.

마지막으로 헌법개정 문제입니다. 만약 아베 씨가 참의원 선거 후 헌법개정에 힘을 쏟으려 한다면 크게 실패할 것이라고 생각합니다. 그 이유로는 첫째, 초점을 경제 활성화에서 헌법개정으로 옮기면 세 번째 화살을 쏠 수 없을 것이기 때문입니다. 일본의 주가가 상승한 것은 월스트리트의 투자가들 덕분이고, 또 그들이 번 돈을 가지고 떠나면서 일본의 주식을 판다면 결과적으로 주가가 내려갈 가능성이 큽니다. 따라서 아베 씨에게 있어서는 경제에 초점을 맞춘 채 정치를 계속해 나가는 것이 매우 중요합니다. 둘째, 그가 헌법개정에 착수하면 일본의 국내 여론도 양분화되고, 한국, 중국, 미국도 대체 이 정부가 어떤 의도로 헌법개정을 하는 것일까 하는 불신의 감정이 확산되어 좋을 것이 하나도 없기 때문입니다.

토론문

- 아시아도 변화해 갑니다. 더욱 다극적이
- 고 다자주의적인 질서 속에서 한국이 잘
  처신해야 합니다. 객관적으로 정세를 파
  악하고, 어떻게 하면 한일 관계를 한국
  의 국익으로 연결되도록 구축할 수 있
  을 것인지, 이러한 심플한 문제의 답을
  모색하는 것이 앞으로 젊은 사람들이 담
  당해야 할 책임이라고 저는 생각합니다.

1. 패널토론

사 회: 패널토론에는 커티스 교수를 중심으로, 박철희 일
본연구소 소장 그리고 와카미야 요시부미 아사히
신문 전 주필이 참석해 주시겠습니다. 와카미야 요
시부미 아사히신문 전 주필은 도쿄대학교 법학부
출신으로, 현재는 현대 일본의 정치·외교, 정치
저널리즘, 일본의 민족주의, 주변국과의 화해 문제
등에 대해 발언하고 계십니다. 아사히신문의 정치
부장과 논설주간, 도쿄대학, 게이오대학, 류코쿠대
학의 객원교수, 브루킹스 연구소의 객원교수 등을
역임하시고, 현재는 본 연구소의 객원 연구원으로

계십니다. 와카미야 선생의 '전후 보수의 아시아관'
이라는 책은 많은 학생들이 읽었으리라 생각합니
다. 그럼, 마이크를 박철희 선생님께 넘기겠습니
다. 잘 부탁드립니다.

박철희 소장: 대단히 감사합니다. 아마도 이 자리에 오신
선생님들과 학생들은 커티스 선생님이 일본인인지
미국인인지 헷갈렸을 것입니다. 매우 유창한 일본
어로, 솔직하고 명확한 메시지를 전달해 주셨습니
다. 배울 점도 많고, 이해하기 쉬워서 토론하기도
쉬울 것 같습니다. 그럼 토론의 달인인 와카미야
주간께 먼저 커티스 선생의 강연 내용을 포함하여
코멘트와 질문을 부탁드리려고 합니다. 와카미야
선생님, 부탁드립니다.

와카미야 요시부미 아사히신문 전 주필: 감사합니다.
커티스 선생님은 제가 가장 존경하는 선생님으로,
오늘 이야기를 듣고, 일본어를 잘하시는구나 하는
생각보다 일본을 이렇게까지 잘 이해하고 계시는
분은 일본은 물론, 전 세계에도 없지 않을까 하는
생각이 들었습니다. 저의 사고방식과도 매우 유사

했습니다. 저는 일본에서, 특히 넷우익으로부터는 극좌라든가 매국노라든가 하는 말을 듣고 있지만 커티스 선생님이 말씀하시면 정말 설득력이 있어서 일본에서 똑같은 이야기를 제가 하는 것보다 커티스 선생님이 하실 때 영향력이 더 큰 것 같습니다. 감사할 따름입니다.

대부분 맞는 말씀이라 생각하지만, 제가 여기에 와서 느끼는 것은 이곳의 보도에서도 '일본은 아베노믹스로 어떻게든 잘해 나가고 있다. 일본은 아주 잘나가고 있는데, 우리나라는 어떤가. 아직 정권 100일도 안 되었는데 첫 출발이 순조롭지 못하지 않은가'라는 시각으로, '아베 또는 일본은 잘하고 있어서 부럽다, 거기에 엔저의 영향으로 한국 경제는 다소 피해를 입고 있다'는 비교를 하고 있다는 점입니다. 게다가 원래 아베라는 인물이 '맘에 안 드는 사람'인데, 잘하고 있다는 데에 왠지 질투가 난다고 할까요, 어쩌면 이러한 감정도 한국에 있겠구나 하는 느낌이 듭니다. 실은 일본인 중에도 그러한 감정을 가진 사람들이 있고, 확실히 요즘 아베 씨는 상당히 다르지만, 원래 아베 씨가 가지고 있던 우익적인 사상, 본질에 대해 매우 비판적인 사람들이 있습니다. 저는 어느 쪽인가 하면 후자입니다. 그 아베 씨가 지금은 경제 등, 앞으로 어디까지 잘해 나갈지 알 수 없습니다만, 여러 가지 일을 잘해 나가는 데 대해 조금 복잡한 심정인 일본인도 많지 않을까 생각합니다. 70%라고 하는 지지율 가운데는 강한 지지와 함께 '뭐, 걱정했던 것보단 의외로 잘 하네'라는 감정도 뒤섞여 있다는 생각입니다. 민주당이 너무 못했기 때문에 자민당이 정권을 쥐었다고 하는 것은 틀림없는 말 같지만, 왜 그중에서도 아베 씨일까 하는 생각을 하지 않을 수 없습니다. 총재 선거 때 다섯 명의 후보자가 있었지요. 하지만 처음에는, 아마 커티스 선생님도 그러셨겠지만 아베 씨가 자민당 총재로 컴백하리라고 생각한 사람은 매우 적었을 것입니다. 그런데 우왕좌왕하는 사이에 그가 자민당 총재로 당선되었습니다. 당원에 의한 선거에서는 처음에 2위였고, 당내의 투표에서 역전하여 총리대신이 되었습니다. 그러자 점점 인기가 상승했습니다. 여기에 관해서는 물론 국내적 요인, 즉 민주당이 잘 못했다는 평가를 받는 가운데 자민당 당원 사이에서 이시바(石破茂)라는 사람이 인기가 있었지만 국회의원 사이에서는 인기가 별로 없어서 결국 아베 씨가 되었다고 하는 국내적 요인도 있었지만, 저 개인적으로는 분명히 외적인 요인이 있었다고 생각합니다.

총재 선거가 열린 것은 9월이었지만 총재 선거를 둘러싸고 분위기가 점점 달아오른 것은 8월경부터였습니다. 아베 씨가 정식으로 출마를 선언한 것도 8월로, 이 시기에 무슨 일이 있었는가 하면, 이명박 대통령이 다케시마에 간 것입니다. 이것으로 일본의 여론이 '어라?' 하는 분위기가 되었지요. 게다가 이명박 대통령은 다케시마에 가는 것뿐 아니라 천황 폐하에 대한 발언도 하여, 이것이 매우 큰 자극이 되었습니다. 이것이 첫 번째입니다. 그 후 센카쿠 선박충돌사건이 터졌습니다. 여기에도 사정이 있어서, 확실히 처음에 이시하라 도쿄 도지사가 계기를 만든 것은 틀림없습니다만, 어찌 됐든 결국 중국에서 반일 소동이 일어났습니다. 이것이 9월 쯤이고, 마침 총재 선거와 겹치게 되어 이러한 흐름 속에서 아베 씨가 당선되었습니다. 거기다 자민당 총재 선거 도중에 북한이 장거리 탄도미사일을 발사해 또 핵실험을 할지 모른다는 분위기가 감돌았습니다. 이런 분위기 가운데 총선거가 실시되었고, 자민당이 승리했습니다. 이렇게 생각하면 역시 동아시아의 분위기가 지금의 아베 정권을 만들었다고도 할 수 있습니다. 저는 이것을 이른바 삼단도약, '순풍 삼단 도약', '홉, 스텝, 점프(Hop, Step, Jump)'라고 이름 붙였습니다. 이명박 씨가 홉, 중국의 센카쿠 문제가 스텝, 김정은의 미사일이 점프. 이것으로 아베 정권이 매우 드물게 급도약을 한 것이 아닌가 합니다. 이런 의미에서, 한국에서는 아베 정권에 대한 경계심이 강하지만 아베 정권을 만든 큰 원인의 하나인 '홉'이 한국 덕분이니 아베 씨는 한국에 감사하고 있지 않을까요. (웃음)

본질적으로, 확실히 아베 씨는 신중한 것 같지만, 참의원 선거 후 헌법개정을 포함한 본래의 의도를 드러낼지 여부도 매우 큰 관심사입니다. 이런 점에 대해 커티스 선생님은 '그것을 하면 끝이다'는 식으로 말씀하셨고, 저도 아베 씨가 상당히 현실적인 정치가이므로 쉽게 손을 댈 것이라고는 생각하지 않습니다. 그렇지만 자신의 집념으로, 또 정치가로서, 아버지는 물론 할아버지를 뛰어넘는 족적을 남기려면 헌법개정밖에 없다는 것입니다. 그것을 성취하겠다는 꿈을 꾸고 있는 것 같다는 생각이 드는

데, 이 점에 대해 커티스 선생님은 어떻게 생각하
시는지 묻고 싶습니다.

앞서 말한 조선일보 인터뷰에서 아베 씨가 한 대
답에 관한 커티스 선생님의 코멘트입니다만, 한국
과 중국 사람들은 제게 자주 "일본이 헌법개정을
생각하다니 말도 안된다."라고 말합니다. 저도 개
헌파는 아니지만, "군대는 당신들도 가지고 있잖아
요."라고 말하고 싶네요. 때문에 만약 일본이 군대
를 가지지 않는 편이 좋다고 한다면, 그렇게 되도
록 일본의 평화 정책을 좀 더 평가해줬으면 합니
다. 평가하지 않고 언제까지나 불평만 한다면, '뭐
야, 당신들은 가지고 있잖아'라는 말이 나오니까
조금 더 친절하게 일본을 감싸 안아주면 어떨까 생
각합니다. '일본은 대국이니 대국답게 처신하라'고
말하는 것은 수십 년 전의 이야기입니다. 지금은
한국이 대국이니까, 가련한 일본을 조금 포용해주
어도 괜찮지 않을까—약간 농담도 들어가 있습니다
만—생각합니다. 이 점에 대해서는 어떻게 생각하
시는지요.

박철희 소장: 감사합니다. 저도 몇 가지 말씀드리고자 합

니다.

먼저, 정치 이야기부터 질문하겠습니다. 민주당이 크게 실패하여 자민당이 정권을 잡았으므로, 아마도 앞으로 4년 동안 중의원 선거는 없을 것이라 생각합니다. 올해 참의원 선거에서도 승리한다면 그 후의 참의원 선거는 2016년이니까 적어도 3, 4년 동안은 매우 안정적인 자민당 정권을 유지할 가능성이 높아졌습니다. 기본적으로 소선거제도가 있기 때문에 불안정한 요인이 남아 있고, 2016년까지 또 일본 유권자의 기분이 바뀌어 중의원 선거에서 질 가능성도 있습니다만, 지금 야당의 상황을 보면 그러한 시점까지 야당이 결집하여 자민당에게 맞서게 될 수 있을지 알 수 없습니다. 그렇다면 적어도 6년 정도는 자민당이 정권을 유지할 것이라는 이야기가 됩니다. 즉, 선생님이 말씀하신 것 같은 실패를 아베 씨가 반복하지 않는다면, 아베 정권도 장기적으로 계속될 가능성이 있고, 자민당도 장기 정권까지는 아니더라도 안정적인 정권을 유지할 것이라는 이야기입니다. 정치에 있어서 미래가 어떻게 될까 하는 점은 예상하기 어렵지만, 적어도 과거의 예를 볼 때 아베 정권은 스타트를 매우 좋게 끊었습니다. 2005년에 자민당이 296개 의석을 차지하고, 2009년에는 민주당이 300석이 넘는 의석을 차지했습니다. 그러다 이번에 다시 자민당이 294석을 차지한 데서 볼 수 있듯이, 매우 급격한 변화가 일어났으므로—물론 야당이 어떻게 될 것인가 하는 문제가 되겠지만—또 다른 현상이 생길 가능성도 남아 있습니다. 장기적인 시각으로 일본 정치를 분석할 때, 이러한 상황을 어떻게 이해해야 할까요? 물론 미지수인 부분이 많습니다만, 이에 대해 어떻게 예측할 수 있을지, 또 어떠한 변수가 존재하는지 하는 점을 묻고 싶습니다.

2006년 · 2007년 아베 씨는 이데올로기를 매우 중시하는 면모가 그대로 드러났고, 일반 시민의 생활과는 거의 관계없는 일만 했습니다. 때문에 오자와(小沢一郎) 씨를 중심으로 한 민주당이 '생활이 제일'이라는 메시지를 내놓으며 정권을 차지했습니다. 아베 씨가 이 교훈을 잘 배워서 경제에 집중하여 생활을 풍요롭게 하는 것을 무엇보다 중요하게 생각하고 있다고 저 또한 보고 있습니다.

하지만 가까운 시일에 나타날, 아베 씨의 본래 관심사였던 헌법개정을 포함한 외교 안보에 있어 아베 수상의 행방도 매우 흥미를 끄는 부분입니다. 이전의 선거 캠페인을 봐도 역시 자민당의 지지 모체가 점점 약해진다는 상황을 의식해서 무당파층이라고 해야 할지 유동 표라고 해야 할지 일반 시민을 향한 메시지가 점점 강해지고 있습니다. 그 가운데는 우리가 보면 매우 위험한 영역에 들어가 있는 부분도 있습니다. 민족적인 감정을 지나치게 부채질하고 있다는 의미에서입니다. 다행히도 지금은 그 점에 관해 신중하게 관리하고 있습니다만, 이것이 언제 전면에 나올지 알 수 없습니다. 어쨌든 공약으로서 발언했기 때문에 이를 지켜야 합니다. 이런 상황을 볼 때 아직 여러 가지 불안 요소가 남아 있습니다.

이전에도, 야스쿠니신사 참배는 당연하다, 갈지도 모른다는 식의 발언이 있었습니다. 교과서 검정 문제에서도 근린조항은 없애는 것이 낫지 않느냐고 하기도 하고, 고노담화[1]에 관해서는 관방장관에게

---

1) 1993년 8월 당시 고노요헤이(河野洋平) 관방장관이 일본군위안부에 대해 일본군과 군의 강제성을 인정한 담화이다. 고노 관방장관은 위안소는 당시 군(軍) 당국의 요청에 의해 설치된 것이며, 위안소의 설치·관리 및 위안부 이송에 관해서 구일본군이 관여하였다고 발표했다. 그리고 일본군위안부들에게 사과와 반

 아베의 일본은 어디로 향하고 있는가

유보하겠다고 했지만 이에 대한 개인적인 생각은 별로 바뀌지 않았습니다. 참의원 선거에서 이길 때까지는 주의를 기울여 움직일 듯하지만, 그 이후에는 어떻게 될지요? 와카미야 씨도 지적하셨지만, 정말 계속 신중한 태도를 유지할까요? 국민에게 발언한 내용을 지켜야 하는 시기가 오지 않을까요? 우리 한국의 입장에서 봤을 때 이러한 점이 아베 씨에게 가지는 불안의 근원입니다. 정말 훌륭하게 실리적으로 관리하고 유지할 수 있을지요. 7월까지는 저도 걱정을 하지 않았습니다만, 안정적인 정권을 확보하면 자신이 하고 싶은 어젠다를 밀고 나가고자 하는 마음이 강해지지 않을까 하는 걱정이 남아 있습니다.

독도, 다케시마 문제에 대해서는 선생님이 말씀하신 대로 한국 측이 조금 더 주의 깊게 대처했으면 좋았을 부분도 있습니다만, 역시 일본군위안부 문제에 있어서는 일본 측이 어떤 식으로든 행동을 취해야 합니다. 이 문제를 무시·경시하고 한일 관계를 개선해 간다는 것은 어렵습니다. 이 문제를 어

성의 뜻을 올린다고 말하였다.

떻게 해결해야 할지, 저도 좋은 답은 없습니다만 만약 제3자의 입장에서 하실 제안이 있다면 말씀해주셨으면 합니다.

마지막은 코멘트인데, 선생님이 마지막에 말씀하신 점에 관해서입니다. 일본이 방위 능력을 높일 현실주의적인 노선을 취하는 데 대해, 한국 내의 지도자 가운데서도 이해하는 사람이 늘어나고 있습니다. 단, 군사력·방위력을 높이는 동시에 역사, 과거 문제에 대해 과거의 군국주의를 연상시키는 일이 동시에 진행되고 있기 때문에, '예전의 군국주의 일본으로 돌아가는 것은 아닌가' 하는 염려가 일반 사람들의 마음속에 남아있는 것입니다. 단순히 군사력을 강화하는 점에 대해서는 이해를 해도, '고노담화를 재고한다', '야스쿠니 참배는 당연하다', '교과서 검정을 재고한다', '헌법개정을 하고 싶다' 등의 발언은 과거 일본의 모습을 방불케 합니다. 그 일면을 억누르지 않으면, 현실주의적인 움직임에 대해서조차 한국은 의심을 품을 수밖에 없게 됩니다. 이것이 아무래도 솔직한 한국인의 심정이기 때문에 이에 대해 선생님도 이해해주셨으면 합니다.

그럼 선생님, 부탁드립니다.

커티스 교수: 방금 두 분이 지적하신 문제는 하나로 정리할 수 있습니다. 아베 총리대신이 언제까지 지금과 같은 신중한 태도를 계속 유지할 것인가 하는 문제입니다. 이른바 '리얼 아베'가 언제 고개를 들 것인가 하는 점에 대해서는 미국 내에도 똑같은 불안감, 의문이 있습니다. 방금 박 선생님이 말씀하신, 한국 사람들의 심정을 이해해주었으면 한다는 것은 그렇게 어려운 일이 아닙니다. 미국에서도 이를 공감하는 사람들이 상당히 있습니다.

아베 씨가 매우 신중하게 잘하고 있긴 하지만, 그가 말하고 있는 것, 지금까지 발언해온 것을 생각하면, 현재 하고 있는 일과는 다른 무언가를 하고 싶어 하는 것이 아닐까 하는 불안감을 지울 수 없습니다. 요컨대 그의 의도(intension)를 모르겠습니다. 뭔가 두렵다는 느낌이 퍼지고 있는데, 그 불안을 불식시킬 수 있을지가 문제입니다. 저로서도 매우 마음에 걸리는 문제 중 하나는, 방금 전에 와카미야 씨가 말씀하신 '집념', 즉 헌법개정에 관한 것입니다. 어떤 나라든 헌법개정은 합니다. 하지만 보통은 '우리의 헌법은 이런 결점이 있으므로 이 부분을 고치겠다'는 입장인데, 아베 씨가 말하는 헌법개정은 결함이 있는 부분을 고치는 것이 아니라 전부 다시 쓰겠다는 태도입니다.

그는 자주 '전후 레짐(regime)으로부터의 탈피'라는 표현을 사용합니다. '민주주의의 무기'라는 것은 말뿐입니다. 이 표현은 의미가 매우 무겁습니다. 대체 어떤 식으로 '전후 레짐으로부터의 탈피', '레짐 체인지'를 한 나라의 총리대신이 추구할 것인지, 이것은 대체 어떤 의미인지…. 일본의 전후 레짐이란 무엇일까요? 자민당의 일당 지배, 경제성장, 번영, 평화, 이것이 전후 레짐이겠지요. 이것을 벗어나서 대체 무엇을 하고 싶은 것일까요? 전전의 일본으로 돌아가고 싶은 것일까요? 아베 씨의 경우, 이것이 확실하지 않습니다. 불안감을 가지는 것은 당연합니다.

전후 일본의 총리대신 가운데 우익적인 사람은 꽤 많았습니다. 하지만 그들은 우익적인 정책을 취하지는 않았습니다. 현실주의와 이데올로기를 구별하여 생각했습니다. 메이지 시대 흑선(黑船)이 내항했을 때와 마찬가지로, 일본의 과제, 즉 어떻게 하면 살아남을 것인지를 생각해왔습니다. 국제 환경을 잘 살펴 분석하고, 국가가 살아남기 위해 무엇을 해야 하는지에 집중해왔던 것입니다. 일본어로는 흔히 '시류에 편승한다'고 하지요. 세계 체제를 잘 살피고 그 시류에 편승하여 능숙하게 대응한다는 것입니다. 뭔가 문제가 일어났을 때 일본 정부는 종종 '어떻게 대응해야 하는지 지금 검토하고 있습니다'라든가, '긍정적으로 검토하겠다'라고 말하는데, 실로 '대응형 외교', 이것이 일본의 정치입니다. 이야기가 조금 추상적으로 되었지만, 국제질서가 확실할 때는 일본의 '대응형 외교'가 매우 훌륭하게 작용합니다. 메이지 시대의 부국강병, 전후에는 요시다 시게루(吉田茂)의 미일 동맹, 경제를 우선하는 '요시다 노선' 등, 질서가 명확할 때는 그 시류에 편승하기 위한 대응이 매우 훌륭하게 이루어져 왔습니다. 현 문제는 세계질서가 매우 유동적이기 때문에 대응하는 것만으로는 아무것도 안 된다는 점입니다. '스스로 무엇을 바라고 있는가' 이것이 문제가 되는 것입니다. 아베 씨라면 모두가 걱정하고 있는 무언가를 하는 것이 아닐까 하는 불안감이 듭니다. 저도 염려하고 불안해하는 것이 당연하다고 생각하고, 일본인 가운데도 이러한 불안을 느끼는 사람이 많을 것이라 생각합니다. 때문에 참의원 선거가 끝나고 나면 아베가 변하는 것은 아닌가, 헌법개정의 구체적인 대응, 전후 체제로부터의 탈피를 목표로 하는 것은 아닌가 하는 불안을 느끼는 것이지요. 그러면 그에 대한 반발도 생길 것이라고 봅니다. 먼저, 국내에서 그리고 중국, 한국, 미국, 그 외 나라가 그러면 큰일이라고 생각하여 결국 브레이크가 걸릴 것입니다.

또 이것은 아베 씨 개인의 문제가 아니라, 일본 정치가 어떻게 변화해 왔는지, 그리고 어떻게 변화해 갈 것인지, 저는 이 점에 대해 생각하고 싶습니다. 전후 55년 체제, 자민당의 지배 체제에서는 일본 나름대로 견제와 균형(check and balance) 시스템이 제대로 작동하고 있었습니다. 먼저 야당, 혁신 진영은 국회에서 3분의 1 정도의 힘이 있었기 때문에 헌법개정도 멈추게 할 수 있었습니다. 자민당 안에도 파벌이 있어서, 아베 씨의 할아버지인 기시(岸信介)2) 씨가 있다면 이케다(池田大作)3) 씨도 있

─────────────────────────────────

2) 기시 노부스케(岸信介, 1896-1987). 일본 정치가. 만주국 정부에서 산업계를 지배하다가 도조 히데키 내각의 상공대신이 되었으

었기 때문에 온건파와 함께 견제와 균형 시스템이 되었습니다. 지금은 이 견제와 균형이 점점 없어지고 있습니다. 야당이 매우 약해져, 자칫하다 유신회가 최대 야당이 될 가능성도 있습니다. 그렇게 되면 자민당보다 더 우익적인 정당이 야당이 되어 버립니다. 또 소선거구제가 도입되면서 파벌의 그림자가 점점 더 옅어졌습니다. 처음에는 당내 분쟁이 좋지 않다는 이유로 소선거구제로 바꿨는데, 당내 분쟁에는 실제로 상당히 좋은 점도 있었습니다. 지금은 당내 분쟁도 없고, 아베 씨와 정면으로 대립하는 자민당 의원도 없습니다.

그러나 견제와 균형이 점점 약해진다는 것이 사실이라 해도, 저는 기본적으로 일본이 이상한 방향으로 나아가고 있다고는 생각하지 않습니다. 아베 씨

나 총리와 대립하여 내각 총사퇴를 초래하였다. 하토야마 이치로 등과 함께 자유당에서 제명되자 일본 민주당을 결성하였다.
3) 이케다 다이사쿠(池田大作, 1928-). 일본의 종교인, 작가. 종교법인 창가학회의 명예 회장, 국제창가학회 회장. 1961년 11월 27일, 도시 빈민층과 하류층을 상대로 포교 활동을 해오던 종교단체 창가학회(創價學會)를 중심으로 하여, 중의원 진출을 목적으로 한 정치단체 '공명정치연맹(公明政治連盟)'을 발족하였다. 이것을 모태로 1964년 11월 17일 이케다 다이사쿠(池田大作) 창가학회 회장이 '공명정치연맹'을 개편하여 종교정당인 공명당을 결성하였다.

의 태도에 대해 언제가 됐든 저항 세력이 나타날 것입니다. 단 주변 국가가 일본에 대해 매우 반일적인 행동을 취한다면, 저항 세력 또한 이에 대해 반발할 것입니다. 때문에 중국이—일본이 극우 정권이 되길 바란다면 현재의 대일 정책을 그대로 계속해도 상관없겠지만—센카쿠에 대해 그런 식으로 공격적인 태도를 취한다면, 국민 모두가 '중국은 괘씸하다'라는 심정이 되어 더욱 우경화되어버릴 것입니다. 그러므로 한국도 아까 와카미야 씨가 말씀하신 것처럼, 일본이 '보통국가'가 되길 바라지 않는다면 '보통국가가 될 필요 없다'고 일본을 안심시키는 것이 필요하지 않을까 하는 생각이 듭니다. 또한 '보통국가'가 되는 날이 온다면, 그때 일본과 한국이 어떻게 해야 좋은 관계를 지켜나갈 수 있을지 생각해봐야 합니다. 단순히 '심한 말을 했으니까 용서하지 않겠어', '해결이 먼저니 다른 것은 생각하지 말자'라는 식의 태도를 취하는 한, 일본이 '보통국가'가 된다 해도 한국에게 바람직하지 않은 형태가 될 가능성이 있습니다.

어려운 것은 아베 씨의 이데올로기적인 면모와 현실주의자의 면모를 구별하는 것입니다. 지금은 현실주의자의 면모를 유지하고 있습니다만, 여러 가지 일로 이데올로기적인 면모가 나오는 것은 아닌지 염려하는 것입니다. 하나 예를 들면, 야스쿠니 참배 문제입니다. 실제로 참배를 하면 큰일입니다. 아마 현실적으로 생각하여 참배하지 않을 것이라고 예상되지만, 이 밖에도 교과서 문제 등 다른 여러 문제가 있지요.

마지막으로 하나 더 말씀드리면, 아베 씨는 우익적이지만 바로 우익적이기 때문에 우파로부터 비판을 받지 않는다는 측면도 있습니다. 반대로 노다 씨라면 아베 씨가 하고 있는 일을 하지 못할 것입니다. "Nixon goes to China"라는 말을 종종 하지요. 닉슨이었기 때문에 공산주의인 중국과 국교 정상화를 할 수 있었던 것처럼, 지금의 아베 씨라면 북방영토 문제 해결을 위해 모스크바에 가서 4개 섬 전체 반환까지는 가지 않더라도 '2+@'로 영토 문제를 해결할 수 있는 가능성이 아주 없지 않습니다. 과거 미국의 미국 헌법 제정자(Founding Fathers) 중 한 사람이었던 제임스 매디슨[4]은, 민주주의에

---

4) 미국의 제4대 대통령(재임 1809~1817)이자 정치학자. 헌법제정 회의에서 헌법 초안 기초를 맡아 '미국헌법의 아버지'로 불린다.

서 가장 큰 위험은 과반수의 세력이 소수 의견을 무시하고 자신들이 하고 싶은 일을 하는 것이라고 말했습니다. 이른바 'tyranny of the majority', 즉 '다수의 횡포'라는 것입니다. 51%의 지지를 얻으면 49%의 의견을 무시할 수 있다, 이것이 민주주의의 위험입니다. 현재 일본의 경우에도 'tyranny of the majority'의 위험성이 강하게 존재하고 있습니다. 이는 권력 저항의 일환으로, 야당 측이 지나치게 약해지면 아무래도 권력을 가지고 있는 측이 더 큰 권력을 가지고 싶어지게 되는 법입니다. 그래서 소수 의견을 무시하는 경향에 빠지기 쉽습니다.

일본의 헌법개정 역시 아베 씨는 (헌법개정 조항을 규정한) 96조에 대해 중·참 양 의원의 지지를 3분의 2에서 과반수로 바꾸려 하는데, 이는 매우 위험하다고 생각합니다. 모든 국가가 헌법개정의 허들을 높게 해 두고 있습니다. 일본의 우익적인 정치가들은 자주 미국 점령군이 일본의 헌법개정을 어렵게 하기 위해 이러한 조항을 규정했다고 주장하지만, 미국 헌법을 개정하는 것은 더 어렵습니다.

T. 제퍼슨 행정부의 국무장관을 지낸 후 대통령이 되어 제퍼슨의 중립 정책을 계승하였다.

상하 양원의 3분의 2의 동의, 여기에 더해 전 50주 가운데 4분의 3의 주의회가 과반수 이상 지지하는 것이 헌법개정의 필요조건입니다. 요즘 일반 일본인도 점점 '과반수 찬성에 의한 헌법개정이면 되지 않은가' 하고 생각하는 추세인데, 96조 개정은 이 'tyranny of the majority'의 가능성을 생각해 볼 때 매우 위험합니다. 역시 헌법개정, 특히 헌법 9조의 개정은 3분의 2의 국회의원 찬성이 있은 뒤 국민투표를 하는 것이 바람직합니다. 이러한 문제는 이제부터 점점 표출될 것입니다.

그런 의미에서 일본은 정치적으로 크게 변화하고 있습니다. 야당은 지금까지 전례가 없을 정도로 약하고, 자민당 내부의 저항 세력도 전에 없을 만큼 약합니다. '보통국가가 되는 것이 당연하다는 의견이 확산되고 있다. 시간이 가도 이웃 나라와의 관계가 계속 잘 풀리지 않아 좌절감이 커진다' 하는 것이 일본의 현황이라고 생각합니다.

박철희 소장: 시간이 별로 없으므로, 와카미야 선생님께 한마디만 부탁드립니다.

와카미야 요시부미 아사히신문 전 주필: 위안부 문제에 대해 박철희 소장님의 코멘트가 있었는데, 이는 매우 어려운 문제라고 생각합니다. 제 의견을 말씀드리면, 작년 노다 정권 때, 이 대통령이 다케시마에 가기 전입니다만, 상당히 여러 가지로 해결 방법을 모색하여 꽤 괜찮은 지점까지 갔지만 결국 이루어 내지 못했다는 것을 알고 계실 겁니다. 아마도 이전에 있었던 아시아여성기금과 같은 형태를 사실상 국고에서 예산을 내고 계속 진행하여 어떤 식으로든 보상을 하자는 의견이 있었던 것 같습니다. 결국 안 됐습니다만.

아베 씨가 (총리대신이) 되자 실제로는 더 어려워졌지요. 아베 씨는 이런 점에 대해 강경하니까요. 단, 만약 한일이 여러 요인 때문에 '역시 이것을 해결하지 않으면 안 되겠다'고 생각하게 된다면, 커티스 선생님이 말씀하신 대로 아베 씨가 우익 세력을 제어하기 쉽다는 점은 확실하기 때문에 문제 해결의 가능성이 없지는 않다는 생각도 듭니다. 이 경우, 아시아여성기금 등의 경위에 입각하여, 적어도 한국 정부는 당사자의 대응을 포함하여 이니셔티브를 잡아야 할 것이라고 생각합니다. 이런 상황을 관리하면서, 한편으로는 북한의 지금과 같은 상황에 근거하여 한일이 더 손을 꽉 잡아야 합니다. '중국이 있으니까 한일이 손을 잡아라'는 식의 논리는 상당히 어려워 보입니다.

지금 같은 상황 속에서 독도·다케시마 문제의 해결은 어렵지만, 위안부 문제에 대해서는 결말을 짓는 데 대한 동의가 가능하지 않을까 어렴풋이 저도 기대하고 있습니다.

박철희 소장: 저는 선생님 밑에서 공부했기 때문에, 일본 정치에 대한 관점이 거의 같고 이론(異論)이 없습니다만, 방금 전 언급하신 견제와 균형에 대해 조금 더 이야기를 해 보려 합니다. 저는 일본 정치를 설명할 때 자주 골프에 비유하는데요, 예전에는 왼쪽 벽이 강했기 때문에 오른쪽의 OB는 나오지 않았습니다. 때문에 예전에는 제대로 때리면 한가운데나 오른쪽으로는 빠져도 OB는 안 되는 상황이 오랫동안 계속됐습니다. 일본 정치도 예전에는 혁신정당 그리고 자민당 내의 리버럴이 OB가 되지 않도록 확실히 지키고 있었습니다만, 이것이 무너졌습니다. 지금 상황을 보면, 선생님이 말씀하신

대로 유신회나 민나노토5)(모두의 당)가 그렇게까지 우익은 아니라 해도, 어느 쪽인지를 따져보면 자민당보다 우익적일지 모릅니다. 이들 당은 이른바 자민당의 응원단입니다. 하나가 되어도 이상하지 않을 것 같은 정당뿐이고, 민주당 역시 일부 보수파는 자민당에 들어가도 이상하지 않습니다. 이러한, 리버럴이 없는 상태가 매우 걱정스럽습니다. 저는 왼손잡이가 아니기 때문에 왼쪽으로 골프를 한 적이 없습니다만, 오른쪽 벽이 강해지면 어떤 일이 벌어질지 알 수 없습니다. 이것이 외교정책 등에 어떤 영향을 끼치게 될지 매우 걱정입니다. 또 하나 추가하면, 공명당입니다. 공명당은 자민당과 연립한 지 10년 이상이 흘렀는데, 10년쯤 전에 공명당 간부인 분과 대화를 할 때, '왜 연립에 참가했느냐'고 물어본 적이 있습니다. 그때 그분은 '자민당의 우경화가 걱정되어서다, 우리는 거기에 브레이크를 걸고 싶다'고 말씀하셨고, 저는 거기에

---

5) みんなの党. 일본의 군소 정당. 2009년 일본 중의원 선거 전에 창당된 정당으로서, 선거 당시 "일본 내 국가 공무원 10만 명 감축"이라는 공약을 내세웠다. 이 정당은 일본 내 규제 정책의 완화, 공공사업의 민영화와 같은 신자유주의 정책을 주장한다.

감격했습니다. 그로부터 1년이 지나 다시 만났을 때, 제가 "밖에서 보면 그다지 브레이크를 걸고 있는 것 같지 않은데요."라고 말했습니다. 그러자 "확실히 걸고 있어요. 당신이 보는 것보다 자민당의 우경화 속도가 느려졌습니다."라고 하셨습니다. 하지만 1년이 더 지나도 제가 볼 때는 전혀 브레이크가 걸리지 않은 것 같아서, "공명당의 브레이크는 고장 난 겁니까?" 하고 농담한 적이 있을 정도입니다. 왜 이런 이야기를 하느냐 하면, 공명당은 자민당을 상대로 다양한 역할을 하고 있지만, 체크 앤 밸런스의 관점에서 보면 체크의 역할을 하고 있지는 않은 것으로 보입니다.

공명당은 정말 이 역할을 다할 수 있을까요? 만약 참의원에서 자민당이 단독 과반수를 점하게 된다면, 공명당은 한낱 부속물이 되어버리는 상황이 될지도 모르기에 괜찮을지 걱정이 됩니다.

커티스 교수: 오늘은 계속 '지금은 잘해 나가고 있지만 이것이 언제까지 계속될까'라는 점을 토론하고 있습니다.

먼저 위안부 문제입니다. 제가 '이렇게 해야 한다'

고 말하는 것과 '그렇게 될 것이다'라고 하는 것은 전혀 다릅니다. 한국은 아무래도 법적책임을 요구하고 있지만, 그것은 일본 정부에 있어서 상당히 어렵습니다. 하지만 한국도, 일본도 그러한 구체적인 점이 정해지지 않아도 나름대로 법적책임을 해석할 수 있는 견해가 있을 것입니다. 법적책임이라는 말을 쓰지 않고, 일본 정부가 스스로의 책임을 구체적인 형태로 인정하는 것입니다. 일본 정부가 돈을 지불한다면 일본 쪽에서는 인도적이라고 해석할 것이고, 한국 쪽에서는 일본이 법적인 책임을 인정했다고 볼 수 있을 것입니다. 저는 이렇게 생각합니다. 또한 아베 씨가 일본 정부의 자금을 현재 살아 있는 분들에게 직접 건네야 한다고 생각합니다. 하지만 이는 매우 큰 결단이기 때문에 아베 씨는 이런 일을 하고 싶어 하지 않을 것입니다. 이데올로기적인 그는 일본이 이전에 했던 행동에 대해 '강제성은 없었다'는 입장이니까요. 다만 아베 씨가 일본의 공익, 동아시아의 평화와 안정을 생각해 그런 결단을 내려야 한다고 판단하게 하려면, 역시 한국이 '이러한 문제를 없던 것으로 한다', '이에 따라 한일이 나아갈 새로운 길을 열어간다'는 박 대통령과 아베 씨 사이의 신뢰 관계가 있어야 한다고 봅니다. 이것만 있으면 저는 가능성이 없지도 않다고 생각합니다. 일본에게 있어 한국과 좋은 관계를 유지하는 것은 매우 중요한 일입니다. 한국도, 일본도 미국의 동맹국이므로, 동맹국끼리 다투면 곤란합니다. 중국이 점점 거대한 존재가 되어가기 때문에 여기에 대응하여 밸런스를 맞추기 위해서는, 한미일 관계를 강화할 필요가 있습니다. 이렇게 생각하면, 어떻게든 이 위안부 문제에 대해 일본이 크게 양보하고, 거기에 대해 한국이 '그러면 이 문제는 해결했다'고 하는 식으로 서로에게 큰 결단이 요구됩니다. 앞서 말한 것처럼, 역사 문제를 국내의 정치적 입장을 강화하기 위해 이용하는 것은 가장 무책임한 행동입니다. 한국이든 일본이든 미국이든 마찬가지입니다.

하나 더, 공명당에 대한 이야기입니다. 지금 박 선생님이 말씀하신 대로, 공명당은 자민당과 연합했을 때 자민당의 우경화를 견제할 작정이었다고 자주 이야기했는데, 실제로는 자민당과 그다지 다르지 않은 일을 하고 있습니다. 단, 공명당의 입장은 자민당의 소위 우익적인 인사들의 의견과는 역시 근본적으로 다릅니다. 문제는 96조 개정에 대해, 공명당 내에서도 그 위험성을 그다지 인식하고 있지 않다는 점입니다. 요컨대 공명당은 헌법개정에 반대하지 않습니다. 헌법개정에 반대하는 것이 아니라, 자민당의 우파가 요구하는 것과 같은 개정에 반대하고 있을 뿐입니다. 다음에 무엇을 개정할 것인지로 의견이 갈려 있을 뿐, 개정 조항을 고친다는 점에 대해서는 문제가 없다는 입장입니다. 때문에 저는 공명당이 헌법개정에 찬성할 가능성이 크다고 봅니다. 이제부터 언론이 이 문제를 더 이슈화해야 합니다. 마지막으로, 공명당이 이탈할 가능성이 있습니다. 공명당이 이탈하고 유신회가 비슷한 수준의 세력이 된다면, 자민당+유신회+민나노토(모두의 당)가 3분의 2의 의석을 중·참 양 의원에서 획득할 가능성이 있습니다.

그러므로 여러 가지 의미에서 지금은 새로운 시대로 돌입하고 있습니다. 이 새로운 시대에 한일 관계를 어떻게 고찰해야 할까요? 지금까지 했던 것처럼 계속해도 되는 것은 하나도 없습니다. 한일 관계의 미래도를 가지고 문제를 해결하고, 미래를 향해 새로운 일을 한미일 사이에서 추진할 필요가 있습니다.

2. 자유토론

고려대학교 대학원생: 질문이 두 개 있습니다. 먼저, 일본 경제에서 아베노믹스는 현 시점에서 긍정적이라는 평가를 받고 있습니다만, 반드시 현 상태가 계속되리라고 생각되진 않습니다. 언젠가 버블 붕괴처럼 무너질 것이라 생각합니다. 그렇게 되면 가장 문제가 되는 것은 국채 발행입니다. 환율 시장에서 국가가 관여하여 엔의 가치를 하락시킨다면 나중에 큰 문제가 부상할 것 같은데, 만약 지금 상황이 계속된다면 단점으로 들 수 있는 것은 무엇이 있을지가 첫 번째 질문입니다.

두 번째로, 독도 문제의 해결안으로 '말하지 않는다, 대화하지 않는다, 가능한 무시한다'는 세 가지를 드셨는데, 한국이 현재의 태도를 계속 유지한다면 일본도 무시하는 데 한계가 있을 거라고 봅니다. 해결 방법으로 가장 효과적인 방안을 묻고 싶습니다.

서울대학교 대학원생: 일본 정치에서 국민의 영향력은 어느 정도인가요? 일본에서는 이시하라 지사나 하시

모토 시장, 일본유신회와 최근 우익의 부상에 대한 국민의 지지가 어떠한 방향으로 흘러가는지 여쭤보고 싶습니다. 일본 국민 가운데에는 이러한 우익 중심의 정치가 바람직하지 않다는 의식이 있는 것인가요? 그리고 만약 국민이 정치에 관심이 없다고 한다면, 일본 정치는 정치가에 의해 바뀌게 될까요?

도쿄대학교 교환 유학생: 헌법 96조를 바꾸지 않는 편이 낫다고 말씀하셨습니다. 미국도 경성헌법으로, 헌법을 간단히 바꾸지 못하게 되어 있다고 말씀하셨는데, 세계에는 미국이나 일본과 달리 연성헌법, 바꾸기 쉬운 헌법을 채용하고 있는 국가가 꽤 있다고 압니다. 물론 일본이 지금까지의 경성헌법을 갑자기 연성헌법으로 바꾸는 것도 위험이 있다고 생각합니다만, 연성헌법으로 바꾸는 것도 하나의 방안으로 생각해보아야 하지 않을까요?

두 번째로 아베 씨가 일본 총리로는 처음으로 페이스북을 시작해서, 보고 있으면 여러 가지로 재미있는데요, 아베 씨의 투고에 대해 중국인과 한국인이 코멘트를 달고 여기에 대해 다시 일본인이 코멘트를 달면서 상당한 규모의 토론이 이루어지고 있습니다. 그 가운데 한번은 어느 일본인이 미국에 거주하는 프랑스인처럼 행세하면서 한국과 중국을 비판한 일이 있었습니다. 그 사람 말로는, 한국은 지금까지 몇 번씩이나 배상을 요구해 왔다, 그때마다 일본은 사죄를 하고, 배상도 지금까지 충분히 해 왔다고 생각한다는 것입니다. 일본 안에도 다양한 의견을 가지고 있는 사람이 있어서 가끔은 이시하라 신타로 같은 사람이 나오기도 합니다. 이에 대해 또 한국과 중국이 역시 일본은 반성을 안 한다고 말하고, 더하여 사죄와 배상을 요구해 옵니다. 위안부 문제에 관해서는 저도 해결해야 한다고 생각합니다만, 일본 국민들 사이에는 '한국과 중국은 언제까지 일본 정부에 배상을 요구해 올 것인가' 하는 불안감이 있다고 생각합니다. 이에 대해 일본과 한국 정부가 국민들을 어떻게 납득시키면 좋을까요?

커티스 교수: 아베노믹스의 단점은 이른바 기본적인 문제를 어느 것 하나 해결하고 있지 않다는 것입니다. 인구가 줄어든다, 사회가 고령화되어 간다, 여성의 고용기회를 증가시키지 못한다, 이민정책을 전혀

취하지 않는다, 규제가 지나치게 많다 등의 문제가 있습니다. 이러한 점에 대해 해결하지 않은 상태라면 아무리 많은 돈을 뿌린다 해도 잘 될 리 없다고 생각합니다. 아베노믹스, 즉 ABE는 Asset Bubble Economy라고 자주 야유를 받고 있고, 그 위험성 또한 큽니다. 빨리 과감하게 구조개혁 및 농업, 의료 등을 포함한 다양한 일을 해야 한다는 것, 그것밖에 없습니다.

독도 문제에 해결책은 없습니다. 북방영토 문제는 별도로 치고, 영토 문제의 해결책은 '해결할 수 없는 일이라는 것을 먼저 인정하고 유보한다'는 것입니다. 독도 문제를 유보하는 방법은 문제를 삼지 않는 것이라고 생각합니다. 국민이 정치에 끼치는 영향에 대해서는, 일본도 민주주의국가이기 때문에 기본적으로는 국민이 선택하는 정치입니다. 일본 정치가 우익화되고 있다고는 생각하지 않습니다. 이시하라 씨 같은 우익도 있고, 하시모토 토오루에 관해서는 우익인지 어느 쪽인지 모르겠습니다. 이시하라 신타로는 인종주의자이자 반미, 반중의 입장입니다. 예전에 그랬던 그가 총리대신을 노리고 국회의원을 했습니다만, 전혀 잘 해내지 못했습니다. 그래서 '총리대신이 되면 안 되니까 도지사라도 시키면 되겠지'라는 일본인의 지혜가 발동한 것이라고 생각합니다. 지금은 국회의원이 되었지만 그 영향력은 제로라고 해도 좋을 정도입니다. 우익 인사는 있지만, 정치가 우익화로 달려가는 것은 아닙니다.

헌법개정에 대해서는, 지적한 대로 비교적 하기 쉬운 국가도 있습니다만, 주요 선진국들은 개정을 어렵게 해놓았습니다. 첫 번째 문제는, 일본에 있어서 헌법개정을 쉽게 한다는 것이 정말 괜찮은 일인가 하는 것입니다. 아베 씨는 무엇을 위해 3분의 2를 과반수로 바꾸고 싶은 것일까요? 국민의 큰 마이너리티, 소수파가 반대하는 개정을 하고 싶어 한다는 점에 문제가 있는 것입니다. 헌법을 개정하려면 자신감을 가지고 국회의원의 3분의 2의 지지를 얻은 후에 국민투표를 실시하는 편이 낫다고 저는 생각합니다. 호주, 미국, 독일 등의 국가도 개정하기 어렵도록 규정되어 있습니다. 허들을 높이는 일은 민주주의에 있어 'tyranny of the majority'를 막기 위한 하나의 담보가 된다고 봅니다.

또 일본이 무엇을 해도 한국에 대해서는 아직 사죄

가 부족하다고 책망받고 게다가 배상금을 추궁당한다는 점에 대해, 저는 전혀 아니라고 봅니다. 사죄의 문제가 아닙니다. 충분히 사죄해 왔다고 생각하고, 사죄의 말을 충분히 해 왔습니다. 문제는 말이 아니라 일본인의 자세와 태도입니다. 당사자가 정말로 납득할 수 있도록, 일본은 추한 역사, 고통받은 사람들에 대한 역사관에 대해 충분히 해명할 필요가 있습니다. 한국은 배상금 등을 전혀 요구하지 않습니다. 한국이 요구하고 있는 위안부에 대한 배상은 돈 문제가 아닙니다. 때문에 사죄라든가 배상금과는 다른 레벨에서 구체적인 형태로 그들에게 사죄해야 하는 것인데, 이는―제가 이런 말을 할 입장은 아닐지도 모르지만―일본이 한국에 대해 이해하지 못하고 있음을 나타내는 것이라고 생각합니다.

내빈 1: 커티스 선생님은 오늘 강연 내용에서 현재 동아시아에서 한국과 일본 사이의 문제, 일본과 중국 사이의 문제를 어떻게 해결할 것인지, 그 길을 명확히 제시해주셨다고 생각합니다. 문제는 동아시아 국가들이 선생님의 말씀대로 실천할 수 있느냐 하는 것입니다.

위안부 문제에 대해 짧게 한 가지만 말씀드리자면, 커티스 선생님과 와카미야 선생님이 말씀하신 대로 일본 정부가 아베 정권 아래 장기 정권을 유지하면서 지도력을 가지고 한국에 대해 위안부 문제의 해결을 도모해야 한다고 봅니다만, 문제는 한국 정부입니다. 저도 최근까지 정부와 관계된 일을 해왔는데, 최근 상황을 고려하면 일본 정부가 위안부 문제에 대해 법적책임까지는 아니더라도 양국이 적절하게 해결할 수 있는 방안을 찾을 수 있다고 봅니다. 문제는 현재 한국 국내에서 위안부 문제가 너무나 커져버렸기 때문에 한국 정부가 취할 수 있는 정책에 한계가 있다는 점입니다. 이 문제는 양 국민의 감정적인 갈등이 큰 화근이 되어, 지금은 소녀상 문제라든가 미국의 몇 개 주에 세워진 메모리얼의 문제라든가 여러 가지 문제로 확장되고 있습니다. 만약 일본 정부가 이 문제에 대해 긍정적인 정책을 취한다 해도, 또 지금 박 정권이 일본과의 관계를 강화하기 위한 정책을 취한다 해도 이것이 국민들 사이에서 해결될 것인가, 이에 대해 저는 조금 비관적입니다. 이 문제의 해결 없이는 선

생님이 말씀하신 동아시아에서의 안보 공동체는
아직 먼 이야기가 아닌가 합니다.

내빈 2: 방금 전 대학원생의 질문과 같은 내용입니다. 일
본에서는 지금 아베노믹스만 활발히 이야기되고
있지만, 작년 자민당 총재 선거 및 중의원 선거 때
아베 씨가 한 발언에 대해 한국이나 중국 측에서는
우경화의 흐름을 나타내는 것이라는 우려가 있었
습니다. 선거 때 우익 세력의 방해로 인해 낙선했
던 의원들도 있었다고 합니다. 예를 들면 민주당의
센고쿠(仙谷由人) 관방장관이 있습니다. 그의 선거
운동을 우익이 마이크와 스피커로, '대한민국'이라
는 2002년 월드컵 공동개최 때의 응원 구호로 방해
했다고 합니다. 이것은 '센고쿠가 친한파다'라는,
이른바 '칭찬으로 죽이기'지요. 이런 행동에 의해
낙선했다고 들었습니다. 물론 다른 이유도 있었겠
지만, 역시 이 같은 우익 세력의 방해 공작에 의해
정치가가 낙선했습니다. 정치가에게 낙선은 살해
를 당하는 것과 마찬가지입니다. 이런 분위기,
1920년대 일본에서 일어난 다이쇼 데모크라시를
'암살의 정치'로 끝나게 한 과거를 떠올리게 하는

이런 흐름이 일시적인 것인지, 아니면 일본 사회 전체가 우경화된 것인지…. 일본 측에 물으니 '우경화는 아니다'라고 합니다. 선생님도 방금 전에 정치의 우익화는 아니라고 말씀하셨지만, 그럼 얼마 안 되는 일부 세력에 의해 정치가 조종되고 있는 것일까요?

도쿄대학의 후지와라 키이치 선생님의 칼럼을 읽어 보니 일본 인구의 1%도 안되는 우익의 주장에 아무도 반론하지 않게 되어 일본에는 브레이크가 없어졌다는 것을 지적하고 있었습니다.

민주당 정권이 2009년 정치에 변화를 가져와 정권 여당이 되었는데, 겨우 3년 반 만에 자민당이 정권에 복귀했습니다. 일본 사회의 전체적인 흐름, 분위기가 그쪽으로 향할 것인지, 아니면 다시 리버럴한 정치 세력이 회복하여 힘을 되찾을 수 있을 것인지, 이 점에 대해 가르쳐주셨으면 합니다.

서울대 국제대학원생: 오늘 이야기를 듣고, 한국이 일본과의 관계에 있어 지금까지의 어그레시브한 태도를 견지하기보다는 이제부터 협력적으로 되어야 한다는 생각이 들었는데요, 아베 씨가 총리대신이

된 후 올해 들어 고노담화 문제와 야스쿠니 문제를 다루면서 한국으로서는 평화적인 분위기가 형성되기 어렵게 된 것 같습니다. 그렇다면 지금까지와 같은 관계를 반복하게 될 것 같은데, 이는 한국뿐 아니라 일본도 마찬가지라 할 수 있을 것입니다. 이제부터 협력적인 관계를 구축하기 위해 일본은 무엇을 해야 할까요?

서울대 국제대학원생: 아베 총리가 미국에서 오바마 대통령과 회담했을 때 중국에 대한 일본의 태도가 부드러워졌다고 말씀하셨는데, 최근 센카쿠 문제를 둘러싼 움직임을 보면 그것과는 반대의 정책이나 발언을 반복하고 있다고 생각합니다. 앞으로 아베 정권은 선생님이 말씀하신 것처럼 중국에 대해 소프트한 입장을 유지할 것인지, 타이완과 연합하여 문제를 해결하고자 할 것인지, 생각을 듣고 싶습니다.

동경대학교 학생: 궁극적으로는 국민의 상호 이해가 있으면 된다고 봅니다. 이를 위해 유효한 정책이 있다고 생각하십니까? 예를 들어 교환 유학 등도 하나의 방법이라고 생각하는데, 또 다른 것이 있다면

가르쳐 주십시오.

커티스 교수: 우경화의 염려를 부정할 수 없는 것은 사실입니다. 다만 앞서 이야기한 대로 우익 인사들이 검은색 선전차를 타고 후보자를 비난하거나 방해하는 행위가 있긴 했지만, 이것은 예전부터 있던 일로, 이들의 행위가 최근에 격해졌다고는 생각하지 않습니다. 센고쿠 씨가 낙선한 것은 우익의 방해 때문이 아니라, 그가 민주당의 책임자 중 한 사람이라 이에 대한 유권자의 분노가 있었기 때문이라고 생각합니다. (민주당에) 크게 기대했던 데 대한 실망이 드러난 것이라고 봅니다. 그러한 우익의 행위는 용서받을 수 없는 것이라고 봅니다만, 예전부터 있던 일이라는 것은 사실입니다. 저를 향한 우익 세력의 공격도 가끔 무서워질 정도입니다. 어느 나라에서나 있는 일이므로 별로 신경 쓰지 않으려 합니다만.

고노담화에 대해 아베 씨는 재고하지 않으려는 입장입니다. 이전에는 재고해야 한다고 말했지만 총리대신이 된 후에는 고노담화를 문제 삼지 않는다, 재고하지 않는다고 말하고 있습니다. 그것과는 별

개로, 더 적극적으로 한국과의 관계 개선을 위해 노력해야 한다고 생각하는데, 좀처럼 그런 행동에 나서지 않는 것은 유감이라고 말할 수밖에 없습니다. 아베 씨로서도 국익을 위해 한국과 좋은 관계를 유지하고자 하는 것은 틀림없을 것입니다. 때문에 문제를 해결해 나가려는 태도를 가지고 과감하게 한일 정상끼리 이야기하여 긍정적으로 대처해갈 수밖에 없을 겁니다.

협력해야 한다는 점에 관해서는, 앞의 학생의 질문과도 연결되는데 한국과 일본 사람들 사이에 그러한 생각이 뿌리내려야 합니다. 학생들의 교환 유학 등도 더 적극적으로 해야 한다고 봅니다. 또 하나는, 이것은 아베노믹스의 문제와도 연결됩니다만, 일본에서는 과감한 개혁을 좀처럼 하지 않습니다. 예를 들어 한국의 경우, 김영삼 시대에 고등교육의 과감한 개혁을 시행했었지요. 서울대학을 포함한 큰 대학에 정부 차원에서 세계화를 위한 지원을 시행하여, 한국의 고등교육에 근본적인 대변화가 일어났습니다. 저는 예전부터 한국에 자주 왔습니다만, 이렇게까지 영어를 할 수 있는 젊은 한국인이 많다는 데 놀랐습니다. 일본 대학에서 영어로 강연

하는 것은 어렵지만, 한국에서는 어느 대학에 가도 영어로 이야기할 수 있습니다. 컬럼비아대학의 대학원에 온 학생 중, 아시아인으로는 중국인이 가장 많은 2,130명이라고 알고 있습니다. 이는 5년 동안 4배로 증가한 수치입니다. 분명 한국인은 780명 정도라고 기억하는데, 5년 동안 거의 변하지 않았습니다. 일본인 학생 수는 4년 동안 4분의 1이 줄어서 지금은 180명 정도라고 알고 있습니다. 이전과 비교해도 매우 적습니다. 일본인 학생이 줄어드는 한편 한국인, 중국인 학생은 늘어나고 있습니다. 여러 이유가 있지만, 일본에는 특별히 외국에서 공부했다고 해서 얻게 되는 인센티브가 없습니다. 유학하고 귀국할 때 크게 플러스가 될까요, 마이너스가 될까요? 한국에서는 'over doctor'라는 말이 있을 정도로, 미국 대학 출신의 Ph.D.(박사 학위)가 많죠. 미국의 학위를 가졌다는 것은 한국에서는 상당한 플러스가 됩니다. 하지만 일본에서는 학계 이외에는 Ph.D.를 가졌다는 것이 반드시 플러스가 되지는 않습니다. 회사에 들어가 5년 정도 유학을 하면, 종신고용제의 큰 회사일 경우 본인이 일본에 없는 사이에 동료가 점점 승진해 가겠지요. 그렇게 되면 돌아왔을 때 자신이 손해를 본 것 같은 기분이 들 것입니다. 이런 문제가 한국에는 없습니다. 한국 쪽이 더 훌륭히 세계화의 흐름에 편승하고 있다고 생각합니다.

협력한다는 것은 서로 본받는 것입니다. 일본은 너무 한국을 보지 않습니다. 롤모델로서 미국을 자주 보고, 유럽도 참고합니다. 하지만 한국을 참고로 하고 있는가 하면 그다지 참고하지 않는 것 같습니다. 왜일까 생각해보면, 역시 '한국에는 일본에게 가르쳐줄 것이 그다지 없다'는 의식이 있습니다. 그렇지만 서로 배워야 할 부분이 있다고 생각합니다. 일본의 고등교육 개혁에 대해 자주 질문을 받습니다. 6·3·3 제도를 개정하자, 이전의 제도로 돌아가자고도 하는데, 그렇게 하지 않아도 현재 세계화 시대에 요구되는 일본의 고등교육이 무엇인지를 생각할 때, 역시 한국이 좋은 참고가 된다고 봅니다. 한국이 하는 것처럼 고등교육을 조금만 더 한다면, 한일 관계에 매우 플러스가 될 것이라고 생각합니다. 교환 유학도 큰 미사일 하나를 만드는 비용에 비하면 그리 큰 액수가 아닙니다. 일본국제교류기금에 예산을 돌린다든가 한국국제교류재단

이 한일 관계 개선을 위해 자금을 사용한다든가 아이디어 자체는 어렵지 않습니다. 역시 실천할 정치적인 의사가 있느냐 여부에 달려 있습니다. 이것만 있으면 한일 관계는 좋아지리라고 저는 생각합니다. 중국에 관한 질문은, 아베 씨가 중국에 대해 소프트한 입장을 유지할 것인지인데, 전혀 소프트하지 않습니다. 그저 도전적이지 않을 뿐입니다. 센카쿠 문제에 대해 저는 그가 지나치게 강경하다고 보고 있습니다. 그것이 경솔하다는 것을 인정하고 서로 대화해야 하는데, 아베 씨는 그저 매우 강경한 입장에서 '센카쿠는 일본의 영토이므로 이에 대해 대화할 생각은 없지만, 다른 일이라면 대화하겠다'는 입장입니다. 그러나 여기에도 겉모습과 속마음이 여러 가지여서 복잡합니다. 이 문제를 가지고 중국이 일본에 대해 더 격분한 태도를 취하지 않고 해결하는 방향으로 가자는 마음을 먹는다면, 어떻게든 되리라고 생각합니다. 중일 관계에서 주된 문제는 중국 쪽에 있습니다. 중국은 왜—남중국해에 대해서도 마찬가지지만—이렇게까지 공격적인 것일까요? 최근 150년 동안의 역사를 무시하고, 19세기식 힘의 정치(power politics)와 같은 인식으로 행동

한다면 어렵다고 봅니다.

민주당에 대해서는, 저는 없어질 것이라고 봅니다. 다음 참의원 선거가 끝난 후에 분열될 가능성이 큽니다. 민주당의 문제는 사고방식이 전혀 다른 사람들이 모여서 하토야마 유키오와 같은 무능한 정치가를 총리대신으로 삼았다는 것, 그리고 "해체업자"라 불리는 오자와 이치로 같은 사람이 있었다는 것입니다. 처음에 민주당의 총재가 된 사람이 하토야마 씨가 아니라 노다 씨였다면 이야기가 달라졌을지도 모르지만, 이런 이야기는 해도 소용이 없겠지요. 유감이지만 민주당의 시대는 시작되었다고 생각하자마자 끝나고 말았습니다.

박철희 소장: 와카미야 선생님, 마지막으로 더 하실 말씀 있으십니까?

와카미야 요시부미 아사히신문 전 주필: 저는 커티스 선생님처럼 일본이 우경화하고 있지 않다고 생각지는 않으며, 우경화하고 있다는 것이 사실이라고 봅니다. 다만 우경화라는 것이 반드시 나쁜 것만은 아니라고 생각합니다. 전후에 이데올로기적으로

좌익이라는 존재가 계속 브레이크가 되어 왔다는 것은 사실이지만 그들이 옳았느냐 하면 그들도 일면 위험한 존재였습니다. 이런 세력이 존재감을 상당히 잃어버리면서 이른바 중간적인, 건전한 층이 커졌다고 생각합니다. 이런 라이트가 큰 덩어리가 되면서 극단적인 좌파 세력이 없어지고, 극단적인 우파 세력만이 상당히 눈에 띄게 되었습니다. 그런 의미에서 균형이 조금 기울었다는 것은 사실인 것 같습니다.

일본 사회는 전후, 좋든 나쁘든 균형을 유지해 왔습니다. 제 저서 '화해와 내셔널리즘'에도 썼습니다만, 화해하는 방향으로 움직이려 하면 국내에서는 내셔널리스틱한 방향으로 달려갑니다. 어디까지 의식하고 있는지 모르겠지만, 이러한 동요를 반복해 왔습니다. 90년대 이후 일본은 사죄를 여러 번 반복해왔고, 일본군위안부 문제에 대해서도 아시아여성기금으로 상당히 보상하였습니다만 그 결과가 좋지 않았습니다. 그리고 경제가 불황인 동안에 중국이 세력을 키우고, 북한은 핵 개발을 계속하는 등의 문제가 표면화되었고 납치 문제가 명백히 드러났으며, 가장 사이가 좋았던 한국으로부터도 역사 문제에 대해 계속해서 여러 가지 불평이 들려오는 것을 경험하면서, 일본의 분위기가 바뀐 것도 사실이라고 생각합니다. 여기에 편승하여 우파가 매우 활발해진 것처럼 보이는 것입니다. 그렇기 때문에 중간적인 사람들이 길을 헤매지 않도록 해야 한다는 것이 제 생각입니다. 이 점을 이해하고, 한국도 꼭 일본의 중간층에게 손을 내밀거나 악수를 청해 주었으면 좋겠습니다. 우익 인사만 의식하여 사안을 이야기하면, 중간층 사람들은 한국 전체를 이상한 눈으로 보게 될지 모릅니다.

커티스 교수: 우경화의 경향이 전혀 없는 것은 아니고, 그런 요소도 확실히 있습니다. 단, 일본은 점점 '보통국가'로 향해 가고 있습니다. 일본에 대해서만 '보통국가가 되어서는 안 된다', '그렇게 되면 우경화다' 하고 지나치게 말하면 일본은 정말 우경화할 것입니다. '보통국가'가 되어서, 예를 들면, 집단적 자위권을 인정한다 해도—개인적으로는 찬성하지 않지만—한일 관계가 매우 좋은 상태에서 일본이 그렇게 된다면 괜찮습니다. 일본이 무엇을 하든 전부 '우경화', '오른쪽으로의 시프트'라고 인식하면,

일본은 주변 국가에게 받아들여지지 않는다는 좌절을 느끼게 됩니다. 때문에 단어를 주의 깊게 사용할 필요가 있습니다. 일본이 변해가는 것은 불가피하니까요.

아시아도 변화해 갑니다. 예전처럼 미국의 헤게모니하에서의 아시아 질서가 아니라, 더욱 다극적이고 다자주의적인 질서 속에서 한국이 잘 처신해야 합니다. 객관적으로 정세를 파악하고, 어떻게 하면 한일 관계를 한국의 국익으로 연결되도록 구축할 수 있을 것인지, 이러한 심플한 문제의 답을 모색하는 것이 앞으로 젊은 사람들이 담당해야 할 책임이라고 저는 생각합니다.

講演録

- では、アベノミクスとは何か。三本の
- 矢とは、財政の刺激策、インフレ・
  ターゲット、成長戦略(いわゆる構造
  改革)を指します。
  ですから、アベノミクスがうまくい
  くのか、あるいは大失敗に終わるか
  どうかは、今の時点では結論を出せ
  ないと思います。大事なのは3本目の
  矢・構造改革です。

カーティス教授との対話
安倍の日本は
どこに向かっているのか

Gerald Curtis

司会: 私たち日本研究所は時々刻々と変化している日本社会を正確に捉え、その意味を分析しています・それは日本を対象とする地域研究機関としての義務であると心得ており、この日本診断セミナーが設けられた理由のひとつでもあります。

本日の日本診断セミナーは、ジェラルド・カーティス教授をお迎えし特別企画講演を行います。

今日の特別講演は安倍総理の下で日本の政治と外交はどこに向かっているのかというテーマで行われます。まさにタイムリーな企画であると言えます。本日の予定としては、カーティス教授の講演の後、元朝日新聞主筆兼本研究所客員教授である若宮啓文氏および朴喆熙・ソウル大学日本研究所所長兼国際大学院教授を迎えたパネル討論が行われ、その後フロアの方々を交え自由討論の場を設ける予定であります。

講演: どうもありがとうございます。こんにちは。

このソウル大学で日本語で講演するとは夢にも思いませんでした。(笑)

朴喆熙先生にお声掛け頂いて、また私の友人である若宮さんも参加されるこのような機会に、ソウル大学の学生たちを交えてお話できることを嬉しく思います。後でできるだけたくさんの質問をしてください。講演を短くして、ディスカッションの時間を長く取りたいと思っています。そう言いながら、多分私の話の方がが長くなってしまうとは思いますが…。

さて、安倍晋三総理大臣の政権の下、日本の政治がどこに向かっているのか。日本の政治、経済、あるいは外交は大きく変わるのか、変わらないのか。これについて私なりの意見を申し上げたいと思います。

　安倍さんが総理大臣になって約3ヵ月半、100日目に
あたります。アメリカでは新しい大統領が任命されて
から間もないこの時期をFirst　Hundred　Daysと表現しま
す。自分の優先順位、目指していることをこの100日間
の間に国民に知らせる見せるというのが伝統的なやり方
です。こういったことはあまり日本には馴染みがな
かったのですが、安倍さんはアメリカ的なFirst Hundred
Daysを一生懸命に進めている。その手腕がお見事ととし
か言いようがない。すごく上手に最初の100日間を乗り
切ってきたと私は評価しています。とにかく日本の
ムードがびっくりするほど変わりました。私は日本で
よく講演をするのですが、この20年間「日本人をもう
ちょっと元気づけなければならない」という気持ちか
ら、「世界は日本が悪いというけれども、日本には強み
があるんですよ」と慰めて来たほどでしたが、今はそん
なことを言う必要がない。安倍さん自身が強い日本とい
う言葉を使っているでしょう。アベノミクスで日本に
はこれから明るい将来が待っているんだ、というよう
な雰囲気が日本に広がっています。日本は今optimisticと
いうか楽観的です。海外の投資家が20年ぶりに「やっと
日本は動き出した」と感じている。だから株は上がり円

が下がる、それに比例して安倍さんの人気は上がる一方で(支持率は)70％以上を維持しています。これはやはり大変な成果だと思います。

　時々、今総理大臣である安倍晋三さんという方が、6年前に1年間で総理の職を大失敗の末病気を理由に辞職した、あの安倍さんと本当に同じ人間だろうかと疑うほど、別人のように手法が変わりました。6年前の安倍さんは美しい国をつくるとか何か長期的な、抽象的なアイディアばかりで、美しい国を以って国民の生活をどうしていくのかという疑問に対する答えを打ち出さなかった。それが安倍さんの一番の間違いだった。日本のことわざで、韓国にもたぶん似たような表現があると思うのですが、「失敗は成功のもと」という言葉がありますよね。まさに安倍さんはそれを経験したと思うのです。自分の失敗からよく反省して学んだと思います。今、美しい日本という表現は使わない。アベノミクスという言葉だけを使っている。これもなかなかそのブランディングがうまいのです。

　では、アベノミクスとは何か。三本の矢とは、財政の刺激策、インフレ・ターゲット、成長戦略(いわゆる構造改革)を指します。覚えやすいでしょう。多くの日本人にとって、３本の矢・アベノミクスは何かすごく新鮮な響きを持っています。段々と人気が上がってきたのもそのためです。振り返ってみると、自民党が政権に復活して安倍さんが総理大臣になったのは、12月の総選挙の結果です。ただ12月の総選挙の時点では、安倍さんや他の自民党の代表的な政治家に総理大臣になってほしいという有権者はほとんどいなかったといっていいと思う。12月の総選挙の結果は、3年間もの間まったくといっていいほど結果を出せなかった民主党を早く追い出そうという有権者の気持ちが表れたに過ぎないものでした。日本の有権者の多くが、政治に対して無関心というよりは嫌悪感を抱きいていて、それは先の12月の選挙の投票率が戦後最低、前回の選挙よりも10ポイントも下がったことからも見てとれます。安倍さんの人気もそれほど高くなく、自民党が圧勝したのも、自民党を支持するからではなく、民主党を追い出し政権を執れる政党としては自民党しかない、という心理が働いて、それが政権交代に繋がったのです。それを考慮すれば、この3ヶ月の間の国民の支持率の上昇、それに加えた安倍さんへの70％の国民の支持も大した成果と言えます。

　それではこの人気を支えている3本の矢、まずこの話を少ししましょう。まず財政の刺激策。この予算の年度は4月1日から3月終わりまでですから、今年の3月の終わりまでは2012年度予算になります。この前10兆円の補正予算を作りましたが、これは要するに2012年の予算の追加補正なのですが、その中の6兆円ほどがいわゆる公共事業予算です。道路や橋、いろいろなインフラストラクチャー建設のために与えられる予算で、この財政刺激策を通して国が多くのお金を市場に出せばそれだけ成長率が上がる。安倍さんの狙いは主に2つありました。一つは何が何でも今年の7月の参議院選挙で勝つこと。そのためには日本の経済が上向いているという雰囲気が非常に大事です。もう一つは、昨年の10月頃に民主党内閣が通過させ、自民党もこれに賛成した消費税法に関連することです。消費税を5％から来年には8％に引き上げて、最終的には10%まで上げることを定めた法案です。再来年には消費税を倍にする法案を確認し、この秋にはそれを最終的に内閣が決定しなければならない。しかし成長率が全く上がらない状態では消費税をアップできないし、やらない。参議院選挙で勝つことと消費税増税というこの2つの理由が安倍内閣の経済政策の背景にあります。自民党は民主党の野田さんにお礼状を書くべきだと思います(笑)。消費税を10%にするという法案は、自民党が最初に出したものですが、実際に政治的に批判を受けたのは自民党ではなく民主党の野田政権でしたから、自民党にとっては本当にありがたいことと言うべきです。いずれにしても、財政の刺激策はそういう意味でおそらく大成功すると思います。短期間に成長率上がりますし、参議院選挙にも勝つでしょう。

　問題は、これが新しいものでもなんでもない、古い自民党そのものだということです。要するに、今までの自民党と同じように政府が持っていないお金を使う。国債を多く出し、お金を借りてそれをばら撒く。公共事業を通して予算をばら撒き、できるだけ多くの人々を喜ばせる。それで成長率が少し上がっても、そのお金を使ってしまったらまた成長率が下がります。日本の財政がGNPに対して200%以上の赤字になっている理由がこれです。これは新しい問題ではありません。でももしかすると、今はこういった対策が必要な時期かもしれない。まず政府がお金を出して経済を刺激し、それによってムードが変わり、期待感が生まれ人の行動も変わる。それで会社が投資などを通して持続可能な成長率上昇につながるような成長戦略を行う。そういう全般的な戦略だと思います。

　新しいのはインフレ・ターゲットを2%に設定し、何があってもこれに達するという、黒田さんという新しい日銀総裁の約束、これがマーケットに大きな影響を与えている。今までも、前日銀総裁である白川さんの下で非常にeasy moneyのような政策をずっと取って来ましたが、ただデフレからなかなか脱却できずにいました。それが黒田さんの下でmoney supplyを倍増し、お金をたくさん市場に出してデフレ脱却とインフレ2％を目指すとなると、どういう影響があるでしょうか。一番単純な考え方では、デフレの状況ではお金を銀行に置いておいても来年も再来年も今とその価値がまったく変わらない。つまり今何かを買うのと来年買うのとでは値段が変わりません。しかしインフレとなると、今年買おうと思ったものを来年まで買わずにいるとその値段が高くなります。ですから、経済回復の兆しが全くないと消費者や企業が感じれば、そのお金は使われませんが、逆に経済がよくなるという期待感があり、同時にインフレになるのは間違いないということが分かれば、今のうちに会社が投資をしたり、消費者がものを買ったりするだろうというのが理屈なのです。インフレ・ターゲットが与える国民心理への影響。今のところ、安倍さんはその二つの矢を既に打ちました。またこれは、ある意味では成功しました。これは実体経済が変わったというのではなく、人の気持ちが変わったという意味での成功です。ただこれがいつまでも期待だけでうまくいくはずはなく、そろそろ実体経済もよくならなければ、アベノミクスを一体何のためにやったのかと思われるようになるのは目に見えています。今のところ日本のマスコミはほとんど疑問点を取り上げていません。ただ、インフレ・ターゲットと財政刺激策は時間稼ぎの政策であって、その間にいわゆる3本目の矢である構造改革に上手く、そして早く着手しなければ、アベノミクスが大失敗に終わる可能性は大いにあると思います。

　インフレになればまず上がるのは食料品の値段とガソリン代です。日本の食料品とエネルギーは輸入に頼っていますから。円が安くなるということは輸入の値段が高くなるということなので、負担がかかります。食料品の値段が上がって、エネルギー、特にガソリン代まで上るのに賃金が上がらなければ、インフレが望ましいと思う人はいないでしょう。そのような危険性はあります。もう一つの問題は、日銀から安くお金を借りられるので、銀行はお金を持っているのですが、貸す相手がいないことです。お金を安く借りられるとなれば、経営がうまくいっている会社が低い利子でお金を借り投資をする。その可能性は大いにある。それを日本国内でするのかが問題です。円を安く借りてタイやベトナム、ミャンマーやアメリカでそれを投資する。日本でお金を借りて外国で投資すると、会社は儲かるけれども日本の工業、日本の経済には直接いい影響を与えません。このインベストメントには非常に問題があります。

　ですから、アベノミクスがうまくいくのか、あるいは大失敗に終わるかどうかは、今の時点では結論を出せないと思います。大事なのは3本目の矢・構造改革です。これには結構な時間がかかる。ただ、前向きに構造改革をやっているという印象をマーケットや国民に与えることも、非常に大事です。7月に参議院選挙では、おそらくよほどのことがない限り自民党が圧勝するでしょう。自民党との連合パートナーである公明党と合わせて過半数の議席を取るでしょう。多くの議席を取れるだけの政党は他に一つもありません。民主党が惨敗するのはほぼ間違いない。大阪維新の会の代表である橋下・

大阪市長と石原慎太郎氏が共同代表を務める日本維新の会は、民主党よりも多くの議席を取る可能性はあっても、自公を脅かすほどの勢力ではない。ですから自民党は、今の安倍さんの人気を見ても結構な議席数を取れるでしょう。問題は選挙後にアベノミクスの三本の矢を忠実に遂行するかどうか、これが不透明です。

　産業競争力会議という、安倍氏の下で構造改革の青写真を作る組織があるのですが、10人の民間人で構成されていて、なかなか面白い若い世代のビジネスマンが集っています。楽天の三木谷さん、ローソンの新波さん、また武田(薬品)の長谷川さんや竹中平蔵さんなど、そういう方々が参加しているのですが、この間その中の一人と食事をする機会がありました。ちょうど会議のすぐ後で、遅れてレストランにいらっしゃったのですが、怒り心頭でした。とにかく会議に出ると10人それぞれが優先することややりたいことが違って、スタッフは経産省から来ている人たちなのですが、上手く意見がまとまらないように書類を隠したり議論させたりして、結局何の結論も出ないままミーティングが終わってしまったといいます。要するにトップリーダーである安倍さんのリードがなければ、競争会議で思い切った結論が出ない可能性が大いにあるということです。構造改革というのは非常に難しいことで、色々な既得権益の反発、抵抗、反対が強いため、多くのことをやろうと思うと何一つできなくなる。要するに安倍さんが特定の３つか４つ、これだけをまずやる、という態度に出なければ、構造改革は失敗に終わると見ていいと思う。

　もう一つ失敗に終わる可能性がある理由として考えられるのは、参議院選挙後に内閣改造をする場合です。なぜかと言うと、同じ大臣が少なくても1年半から2年省庁に務めないと、官僚、つまり官庁の人たちは大臣をお客様のように扱い、その「お客様」が帰るまでいい顔をするだけなのです。昔イギリスのテレビ番組で"Yes, Minister!"というシットコムがありました。大臣が事務次官を呼んで、あれやこれやと指示を出し、部屋を出ます。1週間ほどして、大臣があれはどうなったかと聞くと、まだ検討中だとか、今やっています、と返答する。それで大臣がまた出て行きます。そうこうしているうちに、そのうち大臣が変わってしまう。これは日本の政治の根本的な問題の一つでもあるのです。

　この間の話ですが、自民党は変わったようで変わっていないと少しがっかりする出来事がありました。今の安倍内閣の大臣の方との夕食の席で、彼が担当している官庁の改革の話をした時の話です。色々な面白いアイディアがたくさんあったので、「大臣、とにかく長く大臣として務めて、官僚がサボタージュできないように頑張って下さい」と言ったのですが、それに対する返事が面白かった。彼は「それは別として、大臣として長く務めるかどうかは私が決めることではなくて、総理大臣である安倍さんが決めることですから」と言ったのです。それは確かにその通りなのですが、彼はさらに「この前の選挙の圧勝で大臣になりたいという仲間が行列を作って待っているので、譲らないと党内の不満が非常に強まるので」と言ったのです。もし参院選の後に大臣がまた変わるとなると、今やっていることがまたゼロに戻るわけです。新しい大臣が来てからやろうということになる。参院選後に大きな内閣改造はないと思いますが、日本の政治がどれほど変わるのか、変わってきているのかは、これまた少し疑問ですね。

　韓国で色々な方に会ってよく聞かれるのが、ずっと20年日本の経済が低迷状況だったのに、どうして今になって自民党がこういうことをやっているのか、なぜもっと早くしなかったのか、という点です。私はその返事はこういうことだと思います。3年前に選挙で落選して下野したということのショックがあると思います。いわゆる既得権益、自民党と密接な関係を持っている農協(JA)の組織、医師会など様々なグループの支持を以っても落選し、政権を失ってしまった。だから彼らに頼るだけではだめで、また彼らの言うことばかり聞いたらまた自民党はだめになる、という焦りがある。野党になったショックというのはすごく大きくて、安倍さんがTPP(環太平洋FTA)に参加することも、皆参院選のあとに決めるだろうと読んでいたのを、参院選の前に決定したというのは、今の話と非常に密接な関連があります。TPPに参加しなければ農協からたくさんの票がもらえるかというと、そんなことない。それよりもTPPに参加すれば過半数の日本人は支持すると読んだのです。確かにそうなんです。世論調査を見たら、安倍さんの決定を日本人の半分以上が支持した。そういう意味で、日本の社会も変わり、日本の伝統的な集票マシーンが昔のようにうまく働かないので、自民党のやり方が変わったということもあると思う。

　これまでは非常にうまくやっている点を取り上げてみましたが、それでは何が問題なのでしょうか。これからどういう問題が起こるのかと言うと、3つの点を挙げることができます。一つは3本目の矢を打つかどうか、要するにアベノミクスがうまく行くかどうか。これについてはこれまで申し上げた通りです。もう一つは外交問題で、これが浮上すると安倍さんは非常に困ることになる。3つ目は憲法改正の問題。これまではアベノミクスに焦点を当ててやってきましたが、参議院選挙に圧勝するとなると、経済よりも憲法改正に力を入れるのではないかという、この点だと思います。

　それでは外交の問題を見てみましょう。安倍さんは自民党の右派に属する人で、イデオロギー的には右寄りの方です。総理大臣になったとき、NY Timesがすぐに社説で安倍さんに対する猛烈な批判を書きました。特に慰安婦問題に関して。韓国での関心はもとより、これは日韓の間で大きな問題になっています。これにはアメリカも大きな関心を寄せていて、安倍さんの「強制でも何でもなかった」という、何か言い訳のような言い方が、アメリカでも非常に批判を受けています。ヒラリー・クリントンが国務省に対して"comfort woman"という表現ではなく、"sexual slavery"という言葉を使うように命令したことにも見てとれるように、この問題に対してはアメリカも非常に敏感です。安倍さんに対する一種の不安感は、韓国だけでなくアメリカにもあります。ただ総理大臣になってからの安倍さんは非常に慎重です。その態度は、私のForeign Affairsに掲載された論文のタイトルにも使いましたが、"Japan's Cautious Hawks"、「慎重なタカ派」と言えると思います。タカ派に違いないが、しかし慎重であるという意味です。イデオロギー的には右、要するに心情は右だけれども、頭は非常にプラグマティックに動いています。それが続くかどうかの問題です。

　彼は2月にワシントンに行きました。オバマが大統領になった時の総理大臣が麻生太郎さんでしたが、これが毎年変わる。麻生太郎、鳩山由紀夫、菅直人、野田さん、安倍さんと、毎年のように変わるので、ヒラリー・クリントンが東京での会議で、向こうから来た野田総理大臣対して"Oh, Foreign Minister Noda!"と言ったそうです。誰が総理大臣か外務大臣か分からないほどにしょっちゅう変わるので、オバマ大統領はあまりエネルギーを費やしても安倍さんがいつまで続くかわからないと考えている面もあります。それは確かにあります。一方でオバマ大統領は、安倍さんが一体どういう人間か見てみたいという気持ちもあったと思うのです。

　ワシントンでは、安倍さんは3つのことについて大きな好感、安心感を与えました。一つはTPPに参加したいと言及したこと。参議院選挙が終わったあとに態度を明確にすると思っていた皆の予想に反して、ワシントンでオバマ氏と約束を交わし、帰国後に発表した。最近聞いてなるほどと思ったのは、安倍さんは私の友人に、「参議院選挙が終わったあとでTPPへの参加を発表すると思われているようだが、そんなことをしたら日本の国民が私は嘘つだと思うに違いない」と言ったそうです。要するに、やることが決まっているにもかかわらず、選挙のためにそれを公言しないというやり方はあまり賢明ではない、との主旨だった。それは本当にその通りだと思う。いち早く宣言したことは政治的にも上手な選択であったし、とにかくオバマ大統領は大変喜んだと思う。もう一つは普天間の問題です。宜野湾という沖縄のど真ん中にある海兵隊の基地を、ほとんど誰もいない名護市の辺野古に移そうという案です。これは1996年橋本内閣の時から自民党がやろうとしてできなかったことですが、鳩山さんが党首であった時民主党が県外移設を目指しながら結局はやらなかった。これを安倍さんがやると言ったことは、オバマ大統領にとってはありがたいことじゃないかと思う。辺野古に移行できるかどうかはわかりませんが、いよいよ沖縄知事にYesかNoか決定させるところまで来ています。3つ目は、中国について挑発的なことを一切言わなかったこと。安倍さんは反中的だという意見もあって、尖閣問題に関連して中国に対し非常に厳しいことを言ってアメリカを困らせるのではないかという心配があったのですが、一切そういうことはなかった。安倍氏の訪米は成功で、彼は危機的状況になった日米同盟を完全に復活させたという評価でした。しかしこれは、安倍さんがそう言ったのではなく、日本のマスコミがそう書いたのです。日本のマスコミが事実としてそういうことを書くのはどうかと思いますね。というのは、日米同盟はまったく危機的関係に陥っていませんでした。日米関係は非常に根が深く、鳩山氏が下手をしても壊れないし、野田さんにいたっては評価が高かった。民主党の政権の下でも危機的状況に陥ったことはなかったし、それに加えて安倍さんの訪米もよかったということです。

　では外交問題では何が肝心なのか。中国と韓国、要するに隣の国々との関係です。簡単に言うと、中国に対して彼は非常に慎重です。戦略的互恵関係、つまりはいい関係を作りたいと思っている。しかし尖閣問題に関しては、韓国の独島に対する態度と、安倍さんの尖閣に対する語調はまったく同じです。つまり「自分の国の領土だから話し合うことはありません」という態度です。これは韓国の独島に対しての考え方と同様です。これは韓国の領土であるから、紛争は存在しない、係争地ではない。よって日本と話し合うことはないし、韓国のものだからそれを認めてくれればいいというのが韓国の立場。同様に尖閣は日本の領土である、という立場です。日本の防衛白書を読むと、領土問題が二つ存在します。それは竹島と北方領土を指していて、どこにも尖閣諸島問題が領土問題だとは書いていません。時々中国が尖閣諸島の近くに船を送ったり、とんでもないことをしでかしているが、領土の問題ではないというのが安倍さんの立場です。これは石原前都知事の無責任な行動のせいで、これまた非常にヒートアップした問題になってしまった。日本はもっとpositiveな対話をする必要があると思います。昔鄧小平は、尖閣というのは我々の知恵では解決できない難しい問題だから、次の世代に任せましょうという棚上げ論を差し出しました。その方法としては、紛争があると認め、その上で今年も来年も10年先も話をしましょうというのが中国が求めるやり方です。

　最後に私がアメリカ人として、第3者の立場から、韓国と日本に申し上げたいことが三つほどあります。一つは独島の問題。独島は韓国が支配している島であって、日本がそれをチャレンジしようと思ってない。安倍さんが軍艦を独島へ送って、日本のものだから奪おうとすることはあり得ないし、考えてもいない。独島が韓国の支配下にあることは納得していると見ていいと思います。ただ建前として、意見を聞かれたら日本の領土であると言うだけです。少なくともこの政権のトップに立つ日本人が不思議に思うのは、韓国が独島を支配していることは明らかなのに、なぜ声高に独島の問題を出すのだろうかということです。独島というのは韓国人なら誰でも知っている名前です。非常にシンボリックな意味がある。しかし竹島を知っている日本人は最近まではほとんどいなかった。韓国の大統領が独島に行くと、どうしても日本の政府は我々の領土であって行くべきではない、と主張せざるを得なくなる。すぐ日本も行くべきだと、だんだんと竹島が日本の領土だという考え方や意識が広がっているのです。独島問題の解決方法は非常にはっきりしています。言わない、話さない、できるだけ無視する。そうしたら日本政府もあまり問題にしないと思います。韓国の友人にその話をすると、「いやしかし、日本の方が竹島の日をつくったことに反発して、李明博は独島に行ったんだ」とおっしゃるのですが、とにかくこの問題を国内政治だけのために使わないことが一番大事です。特に韓国はこの問題を国内問題、韓国人のナショナリズム、反日感情を盛り上げるために、あるいは自分の立場を強めるために利用していますが、国益から考えればよくないことだと私は思います。

　さらに難しいのは慰安婦の問題です。日本は常に法律的な立場を以って、1965年の国交正常化のときに法的問題が全て解決したのだから、法的責任はもはや存在しないという立場ですが、法律主義や法的議論ではなくて、これは今後韓国にとって、特に女性たちにとっては非常に重要な問題ですから、日本はもっと心を開いて"I'm sorry"というような謝罪の態度を具体的な形で示せばいいし、私はそうすべきだと思います。このような歴史問題はいつまで続くでしょうか。これからも長く続くでしょうけれど、しかし日韓関係はお互いに非常に

とって大事な関係で、できるだけこういった歴史問題が
エスカレートしないように、大きな問題にならないよ
うに配慮すべきだと思います。

　最後になりますが、この前安倍晋三氏が韓国の雑誌
『月間朝鮮』のインタビューを受けました。記者の「安倍
さんは集団的自衛権の行使や国防軍の設立など、我々か
ら見ると非常に極右的なことをやろうとしているよう
に見えますが、極右というこのような批判に対し、安倍
さんはどう答えますか」という質問に対して、彼は「韓国
は集団的自衛権を認めているでしょう？韓国の軍隊は軍
隊というでしょう？なぜ日本は集団的自衛権を認めては
いけないのか。なぜ日本は陸軍と海軍と空軍をそう呼べ
ないのか。なぜ自衛隊と言わなければならないのか？
なぜ国防軍と言えないのか。私が極右というなら、全世
界が極右だ」と答えたわけです。ですから、つまりはこ
ういうことです。米韓安保条約は相互的な安全保障で、
お互いに守りましょうという立場であるのに、日米安保
条約は一方的でしょう。なぜ韓国はそういった日本の束
縛を取り払うことを「日本の右翼的考え」と捉えるのか。
こういった考えに対して返事をよく考える必要があり
ます。ですから安倍さんの発言について、日本ではそ

うかなと同意する人がだんだんと多くなってきている
と思います。返事はいくつか考えられます。一つは日本
のＤＮＡに軍国主義があるだろうという完全な偏見で
す。そういう憲法上の束縛がなければ日本はまた軍国主
義に戻るんだ、という考えは偏見としか言いようがあり
ません。戦後75年間ずっと平和であった国です。もう
一つの考えとしては、そのapologyにsincerityがない、と
いう主張です。戦争中に行った非道な行為に対する
apologyも、これも何度もやっているのですが、これが
信用されないという問題があります。だからこそ慰安
婦や独島の問題に全てつながるのです。

　もう一つ私が最近思うのは、日本とドイツではど
こが一番違うのかということです。ヨーロッパには地
域的な安全保障の枠組みとしてNATOがある。でもアジ
アにはそういったものはありません。ドイツはNATOの
中に巻き込まれているわけです。日本の場合は日米安保
と日本の憲法がある。日米安保は、リーマンショック以
来アメリカの日本に対する要求も増え、安保の意味が変
わって来ました。憲法の改正があれば日本に対する束縛
はなくなります。要するに、これからのアジアがどの
ようにして安全保障共同体(security community)、お互い

に戦争することはあり得ないと思わせるような地域的なコミュニティを作っていくのかが何よりも重要になってきます。ですから、日韓の間の様々な交流、文化交流、学生の交流、日韓のFTAなど、多様なレベルにおいて関係を強化していく必要があると思います。

　最後は、憲法改正の問題です。もし安倍さんが参院選挙後に憲法改正に力を入れるのであれば、大失敗すると思います。その理由としては、一つは焦点を経済活性化から憲法改正へと移せば、三本目の矢は打てないからです。日本の株が上がっているのはウォールストリートの投資家のおかげであり、また彼らが儲けを持ち去って日本を売り、結果的に株が下がるという可能性は大いにあります。ですから、安倍さんにとっては経済に焦点を絞ったままやり続けるということが非常に大事になってきます。もう一つ、失敗するであろうという理由は、彼が憲法改正に着手すれば日本の国内世論も二分化するし、韓国、中国、そしてアメリカも、一体この政府はどういう意図で憲法改正を目指しているのだろうという不信感が広がり、いいことは一つもないと思います。

討論文

● アジアも変わっていきます。昔のアメリカのヘゲモニーの下でのアジア秩序ではなく、もっと多極的、多者主義的な秩序の中で韓国はうまく立ち回らなければなりません。客観的に情勢を見極めて、どのようにすれば韓国の国益に繋がるような日韓関係を構築できるか、こういったシンプルな問題の答えを模索することが、これからの若い人たちの責任であると私は思っています。

1. パネル討論

司会: パネル討論には、カーティス教授を囲みまして、朴
喆熙日本研究所所長そして若宮啓文・元朝日新聞主
筆に加わって頂きます。若宮啓文・元朝日新聞主筆
は、東京大学法学部出身、現在は現代日本の政治外
交、政治ジャーナリズム、日本の民族主義、周辺国
との和解問題などについて発言をなさっておられ
ます。朝日新聞の政治部長と論説主幹、東京大
学・慶応大学・龍谷大学の客員教授、ブルッキン
グス研究所の客員教授などを歴任され、現在は本研
究所の客員研究員、そして東西大学客員教授をな

さっておられます。先生の「戦後保守のアジア観」
という本は多くの学生たちが読んだことと思いま
す。それでは、マイクを　朴喆熙先生にお渡しした
いと思います。宜しくお願いします。

朴喆熙所長: どうもありがとうございました。多分ここに
こられた先生・学生たちは、カーティス先生が日本
人なのかアメリカ人なのか分からないと感じられた
と思います。非常に流暢な日本語で、ストレート
で明確なメッセージがあります。学ぶことも多い
し、非常に理解しやすいので議論しやすいという点
があります。それでは議論の達人である若宮主幹
から先にカーティス先生の講演の内容も含めてコ
メントなり質問なりお願いしたいと思います。それ
では若宮先生、お願いします。

若宮啓文・元朝日新聞主筆: ありがとうございます。
カーティス先生は私の最も敬愛する先生で、今日
の話を聞いて、日本語が達者というよりも、日本
のことをここまできちんと理解されている方は日本
にももちろんいないし、世界にもいないんじゃない

かと思うぐらいでした。なぜか私と考え方が非常に似ているのです。私は日本では、特にネット右翼からは極左であるとか売国奴であるとか言われますが、カーティス先生が言うと非常に説得力が出てくるので、日本では同じことを私が言うよりカーティス先生がおっしゃれば影響力があるので、ありがたいなと思っています。

いくつもその通りだと思う点があるのですが、私がこちらに来て感じるのは、こちらの報道でも、「どうも日本はアベノミクスでうまくやっている、非常に調子がいいのに、我が国はどうだ。まだ政権100日には到達していないけれども滑り出しは順調じゃないか」という視覚で、安倍さんまたは日本はよくやっていてうらやましい、しかも円安の影響で韓国経済は多少被害を被っているという比較があると思います。しかも、そもそも安倍さんというのは「気に入らない奴」であるにも関わらず、それがうまくいっているというのが何となく妬ましいというんですか、そういう感情もひょっとしたら韓国の中であるかなという気もしています。日本の中でも実はそういう感情を持つ人たちはいて、確かに今回の安倍さんは相当違うのですが、もともと安倍さんが持っている右寄りな思想・体質に対して非常に批判的な人たちもいるわけです。私もどちらかというと後者です。その安倍さんが今は経済等、この先どこまで上手く行くかわかりませんが、いろんなことを上手くやっているということに対して、やや複雑な心情の日本人も多いのではないかなと思います。70%という支持率の中に、強い支持と、「まぁまぁ心配していたよりは意外によくやってるな」という感じのものが混ざり合っているんだろうという気持ちがしています。

民主党があまりに駄目だったから自民党が政権をとったということに間違いはないと思いますが、なぜ安倍さんなのだろう、と思わずにはいられません。総裁選挙の際には五人の候補者がいたわけですよね。しかも最初は、多分カーティス先生もそうだったと思いますが、安倍さんが自民党の総裁に返り咲くであろうと思った人は少なかったのではないかと思います。それがあれよあれよという間に自民党の総裁選で選ばれた。党員による選挙では最初は2位で、党内による投票で逆転して総理大臣に

なった。そうしたら段々人気が上がってきた。これ
に関しては、もちろん国内の要因、民主党が駄目
だと言われている中で、自民党の中で石破さんと
いう人が党員の中での人気はあっても　国会議員の
間ではあまり人気がなく、結局は安倍さんになっ
たという、そういう国内の要因もあったけれど、
私個人としては、もう一つ明らかに外的な要因が
あったのではないかと思っています。

ちょうど総裁選が行われたのは9月だったのです
が、段々総裁選に向けたムードが高まってきたの
は8月頃からでした。安倍さんが正式に手を挙げた
のも8月で、この時期に何があったかというと、李
明博大統領が竹島に行ってしまった。これで日本
の世論が「あれあれっ」という感じになり、しかも竹
島に行っただけではなく天皇陛下に対する発言も
あり、これが非常に刺激になった。これが一つ
目。そのあと尖閣の衝突事件が燃え上がりまし
た。これにも事情があって、確かに最初石原・東京
都知事がきっかけを作ったことには間違いないで
すが、いずれにせよ最終的には中国で反日騒動が盛
り上がった。これが9月頃で、ちょうど総裁選にぶ

つかる形になり、その流れの中で安倍さんが選ばれた。しかも自民党の総選挙の真っ最中に北朝鮮が長距離弾道ミサイルを発射した。また核実験をするかもしれないという空気が流れる。その雰囲気の中で総選挙が施行され、自民党が勝った。こう考えるとやはり東アジアの空気が今の安倍政権を作ったのではないかとも言えなくはない。私はこれをよく三段跳び、「追い風三段跳び」「ホップ・ステップ・ジャンプ」になぞらえます。李明博さんがホップ、中国の尖閣問題がステップ、金正恩のミサイルがジャンプ。これで安倍政権がまれにみるジェットスタートを切れたんじゃないかと思っています。そういう意味では、韓国では安倍政権に対する警戒心が強いですが、安倍政権を作った大きな原因の一つである"ホップ"は韓国のおかげでしたので、安倍さんは韓国に感謝しているのではないかと思います(笑)。

体質というと、確かに安倍さんは慎重だと思いますが、参院選後憲法の改正を含めて本来の体質を出すかどうか、これも非常に大きな関心事になります。その辺をカーティス先生は「それをやったらお

しまいだよ」という風におっしゃいましたし、私も
安倍さんはなかなか現実的な政治家なので簡単に手
を出さないとは思いますが、自身の執念として、政
治家として、お父さんはもとよりおじいさんを越え
るような足跡を残すとすれば、憲法改正しかな
い。それをやる遂げるところに何か夢を見ているよ
うな気もするので、そこをカーティス先生はどのよ
うにご覧になっているのか、それを含めてお伺いし
たい。

先の朝鮮日報でのインタビューでの答えに関する
カーティス先生のコメントですが、韓国や中国の人
たちは私によく「日本が憲法改正を考えているのは
けしからん」とおっしゃいます。私も改憲派ではな
いけれど、しかし軍隊はあなたたちも持っているの
ですよ、ということは言いたいですね。ですからも
し日本が軍隊を持たないほうがいいというのであれ
ば、そうならずにすむようにもっと日本の平和政策
を評価してほしい。評価しないでいつも文句ばか
り言っていると、「なんだ、あなたたちは持ってい
るのに」という話になるから、もう少し優しく日本
を包み込んでくれたらどうでしょう、と思います。

「日本は大国なのだから大国らしく振舞え」と言っていたのはもう何十年も前のことです。今では韓国は大国ですから、少し憐れな日本を包容してあげるようなところがあってもいいのではないかと—ちょっと冗談も入っていますけれども—そう思うのですが、その辺はいかがお考えでしょうか。

朴喆熙所長: ありがとうございました。私のほうからもいくつか申し上げたいと思います。

まず政治の話から伺います。民主党が大失敗して自民党が政権について、おそらくこれから先4年間は衆議院選挙はないだろうと思っています。今年の参議院選挙でも勝つとなれば、その次の参議院選挙は2016年なので、少なくとも3，4年間は非常に安定した自民党政権を保つ可能性が高いとなってくる。基本的には小選挙制度があるので不安定要因は残っていて、2016年までにはまた日本の有権者の気持ちが変わり、衆議院選挙で負ける可能性はあるのですが、今の野党の状況を見るとその時点までに野党が結集して自民党に立ち向かう状態にもっていけるかどうかは分からない。そうとなると少なくとも6年ほどは自民党が政権を維持するということになる。つまり先生がおっしゃったような失敗を安倍さんが繰り返さなければ、安倍政権も長く続く可能性もあるし、自民党も長期政権とまではいかずとも安定政権になり得るということです。政治において明日どうなるか、ということは想像することが難しいのですが、少なくとも過去の例を見ると、安倍政権は非常にいいスタートを切った。2005年に自民党が296議席を取って、2009年には民主党が300を越える議席を取った。今回自民党が294席取ったことからも見られるように、非常に激しい変化が起きているので―もちろん野党がどうなるかという問題になるのですが―またねじれ現象が起こる可能性も残っています。長い目で日本政治を分析するとき、このような状態をどのように捉えるのか。もちろん未知数な部分が多いのですが、それについてどのような予測が可能なのか、またどのような変数が存在するのかということをお聞きしたい。

2006年・2007年の安倍さんは非常にイデオロギー重視的な顔がそのまま出てしまって、一般市民の生活とはほとんど関係のないことばかりをやっていた。
だから小沢氏を中心とした民主党が「生活が第一」
というメッセージを出し政権を取った。その教訓
をよく学んで、安倍さんが経済に集中して生活を豊
富にすることを何よりも大切にしていると私も見
ています。

しかし近いうちに表れるであろう、もともとの安倍
氏の関心である憲法改正を含めた外交安保に関す
る安倍首相の出方も非常に興味を引くところで、
この前の選挙キャンペーンを見ても、やはり自民党
の支持母体がどんどん弱くなっているという状況
を意識して、無党派層というか流動票というか、一
般国民に向けてのメッセージがどんどん強くなって
いる。その中には、我々から見ると非常に危険な領
域に入っている点もあります。非常にナショナリス
ト・センチメントを煽っているという意味で。幸い
なのは、今はその点に関して慎重に管理している
ことですが、でもそれはいつ前面に出てくるかわか
らない。やはり公約として発言したことなので、そ
れを守らないわけにはいかない。そういう状況を見
ると、まだ色々な不安要素が残っています。

この前も、靖国神社参拝は当然である、行くかも
しれない、とそのような発言があった。教科書検定
の問題でも、近隣条項はなくしたほうがいいと
か、河野談話に関しては官房長官に譲っていると
はいえ、これについての個人的な考えもあまり変
わっていない。参議院選挙に勝つまでは注意深く動
いているようですが、その後どうなるか。若宮さん
もご指摘なさいましたが、本当にずっと慎重な態度
を維持するのか。国民に向けて発言したことを守
らなければならない時期が来るのではないか。この
ような点が、やはり我々韓国の立場から見たとき安
倍さんに対して抱く不安のもとになります。本当
に上手くプラグマティックに管理し持続できるの
か。7月までは私も心配していないのですが、安定
政権を確保したら自分がやりたいアジェンダを押
したいという気持ちが強くなるのではという心配が
残っています。
独島・竹島問題については、先生がおっしゃった
ように韓国側がもう少し注意深く対処すればいい部
分もあるのですが、やはり従軍慰安婦問題につい
ては、日本の方が何らかの行動を取らなければな

らない。この問題を無視・軽視して日韓関係を改善していくというのは難しい状況にあります。この問題をどのように解決するのか。私にもいい答えはないのですが、もし第三者の立場からの提案があれば教えて頂きたいと思います。

最後はコメントになりますが、先生が最後におっしゃった点に関することです。日本が防衛能力を高める現実主義的路線をとることについては、韓国内の指導者の中でも理解を示す人たちは増えています。ただ、軍事力・防衛力を高めながら、同時に歴史・過去の問題において過去の軍国主義を連想させることが同時に進行しているので、「昔の軍国主義日本に戻るのではないか」という心配が一般の人々の中に残るわけです。単純に軍事力を上げるという点については理解を示しても、「河野談話を見直す」「靖国参拝は当然である」「教科書検定を見直す」「憲法改正をしたい」などの発言は、過去の日本の姿を彷彿させます。その一面を押さえないと、この現実主義的な動きに対してすら韓国は疑心を抱かずにはいられなくなる。それがやはり正直な韓国人の心情なので、これについては先生にもご理解頂きたい。

それでは先生お願いします。

カーティス教授: 今お二人が指摘された問題は一つにまとめることができます。安倍総理大臣がいつまで今のような慎重な態度を続けるのか、という問題です。いわゆる"リアル・安倍"がいつ立ち上がるのかという点については、アメリカ国内においてもまったく同じような不安感・疑問があります。今朴先生がおっしゃった韓国の人々の心情を理解して頂きたいというのは、そんなに難しいことではありません。アメリカにも同じような心情を持つ人はかなりいます。

安倍さんは非常に慎重に上手にやっているが、ただ言っていること、今まで発言してきたことを考えると、彼が今現在やっていることとは別の何かをやりたいのではないかという不安感が拭えません。要するに彼のインテンション・意図が分からない。何か怪しい、そういう気持ちが広がって、その不安を払拭できるかという問題です。私としても非常にひっかかる問題のひとつは、さっき若宮さんが

おっしゃった「執念」、要は憲法改正に関すること
です。どの国も憲法改正はします。しかし普通は「
われわれの憲法にはこういう欠点があるからこの部
分を直そう」というスタンスですが、安倍さんの言
う憲法改正は、欠陥のある部分を直すのではなく
て、全部書き直すという態度です。

彼はよく「戦後レジームからの脱却」という表現を使
います。「民主主義の武器」というのは言葉しかな
い。だから言葉の意味が非常に重い。一体どうい
う風に「戦後レジームからの脱却」「レジーム・チェ
ンジ」を、一国の総理大臣が求めているのか、これ
は一体どういう意味か。日本の戦後レジームとい
うのはどういうものか。自民党の一党支配、経済成
長、繁栄、平和、これが戦後のレジームでしょ
う。それを脱却したら、では一体何がしたいのか。
戦前の日本に戻りたいのか。安倍さんの場合これ
がはっきりしない。不安を持つのが当然でもありま
す。

戦後日本の総理大臣の中には結構右よりの方が多
かった。しかし彼らは右よりの政策を取らなかっ
た。やはり現実主義とイデオロギーを区別して考

えていました。明治時代に黒船が来航したときと同様、日本にとっての課題、どのようにしたら生き残れるかを考えてきた。国際環境をよく見て分析し、国が生き残るために何をしなければいけないのか、ということに集中してきたのです。よく日本語で「時流にのる」と言うでしょう。世界の体勢をよく見て、その時流にのって上手に対応する。何か問題が起きたとき日本政府が「どう対応するべきか、今検討しています」とか「前向きに検討する」などと言いますが、まさに「対応型外交」、これが日本の政治です。話が少し抽象的になりますが、国際秩序がはっきりしているときには日本の「対応型外交は」非常に上手く作用します。明治時代の富国強兵、戦後では吉田茂の日米同盟・経済優先の「吉田路線」など、秩序がはっきりしているときに、その時流にのるための対応は非常に上手にやってきた。今の問題は世界の秩序が非常に流動的なので、対応するだけではどうにもならないという点です。自ら何を望んでいるのか、これが問題になってくる。安倍さんだったら皆が心配する何かをするのではないかと心配するのです。私も、心配や不安があるのは当然のことだと思うし、日本人の中にもそういう不安を持つ人が多いと思います。ですから参院選が終わってから変わるのでは、それを以って憲法改正の具体的な対応、戦後レジームからの脱却を目指すのではないか、と不安を覚えるでしょう。ただそうなればそれに対する反発も起こると思います。先ず国内から、あるいは中国、韓国、アメリカ、その他の国が、これでは大変だということになって結局ブレーキがかかっていく。

またこれは安倍さん個人の問題としてではなく、日本の政治がどのように変わってきているのか、どのようにやっていくのか、私はこれを考えたい。戦後の55年体制、自民党の支配体制では、日本なりのチェック・アンド・バランス(check and balance)のシステムがちゃんと働いていました。まず野党・革新陣営は国会における3分の1ぐらいの力があり、憲法改正にもストップをかけることができた。自民党の中にも派閥があって、安倍さんのおじいさんである岸さんもいれば池田さんもいて、それもまた穏健派とのチェック・アンド・バランスのシステムとなっていました。今はそのチェック・アンド・バランスが段々となくなってきている。野党が非常に弱くなり、もしかすると最大野党が維新の会になる可能性もある。そうなると自民党よりも右よりの政党が野党になってしまうことになります。また小選挙区制が導入されたこともあり、派閥がだんだんと影を薄くしている。最初は党内争いはよくないという理由で小選挙区制に変わったのですが、党内争いには実は非常にいい面もあったのです。今は党内争いもなく、安倍さんと真っ向から対立する自民党議員もいません。

ただチェック・アンド・バランスがだんだんと弱くなっているということは事実でも、私は基本的には、日本が変な方向に走って行くとは思いません。安倍さんの態度については、いずれこれに対する抵抗勢力が出てくる。ただ周りの国が日本の立場からして非常に反日的な行動を取れば、これにたいして反発する。ですから中国は─日本に極右政権になってほしいのであれば現在の対日政策をこのまま続けてもかまわないけれど─尖閣に対してあのようなアグレッシブな態度を取れば、国民皆が「中国はけしからん」となって、さらに右寄りになって

いくのです。ですから韓国も、先ほど若宮さんが
おっしゃったように、日本に普通の国になってほし
くないのであれば、「普通の国になる必要はない」
と安心させることも必要ではないかと思う。
ただ「普通の国」になる日が近づいてきているので
あれば、そうなった時隣国である韓国とのよい関係
を保つにはどうすべきかを考えなければいけない。
ただ単に「ひどいことを言ったから許せない」「その
解決が先で、他のことは考えない」というような態
度を取る限り、日本が「普通の国」になった時、韓国
にとって望ましくない形になる可能性があります。
ただ分からないのは、安倍さんのイデオロギー的な
顔と現実主義者の顔の区別です。今は現実主義者
の顔を保っていますが、いろんなことでイデオロ
ギー的な顔が出てくるのではないかということで
す。一つ例を挙げれば靖国参拝の問題。これは実際
に参拝すれば大変なことになります。彼はやはり現
実的に考えて参拝しなかったのだろうと思います
が、ただ教科書問題など他にもいろいろな問題が
ありますよね。
もう一つ最後に言えば、安倍さんは右よりの方な

のですが、右よりであるからこそ右から批判されな
い、という点もあります。逆に野田さんだったら、
安倍さんがやっているようなことはできない。よく
"Nixon goes to China"と言いますよね。ニクソンだ
からこそ共産主義であった中国との国交正常化が可
能であったように、もしかしたら今回安倍さんはモ
スクワに行って北方領土問題の解決のために、四島
全島返却とまではいかなくても"２＋@"で領土問題
を解決できる可能性がまったくないわけではない。
昔アメリカのFounding Fathersの一人であるジェー
ムス・マディスンは、民主主義の一番の危険は、過
半数の勢力が少数意見を無視して自分達がやりた
いことをやることであると言いました。いわゆる
"tyranny of the majority"、「数の暴力」と言われるも
のです。51%の支持を得たら49%の意見を無視でき
る、それが民主主義の危険なのです。今の日本の場
合にも、"tyranny of the majority"の危険性が強くあ
る。これは権力抗争の一環として、野党側が弱す
ぎると、どうしても権力を持っている側がよりさら
なる権力を持ちたくなる。それで少数意見を無視
する傾向に走りやすくなります。

日本の憲法改正についても、安倍さんは（憲法改正条項を定めた）96条について衆参両院の支持を3分の2から過半数にしようとしていますが、これは非常に危険だと思います。どの国も憲法改正のハードルは高くしています。よく日本の右よりの政治家はアメリカ占領軍が日本の憲法改正を難しくするためにこのような条項を定めたと主張しますが、アメリカの憲法を改正するのはもっと大変なことです。下・上院の3分2の同意と、さらに全５０州の４分の３の州議会による過半数の支持を憲法改正の必要条件としています。ですから、一般の日本人も段々と過半数賛成による憲法改正でいいのだと思うようになっているけれど、96条の改正はこの"tyranny of the majority"の可能性を考えても非常に危険です。やはり憲法改正、特に憲法９条の改正には、3分の2の国会議員の賛成の上での国民投票が望ましい。こういった問題はこれから次々と出てきます。

そういう意味で、日本は政治的に大きく変わってきています。野党は今までになかったほど弱く、自民党の中の抵抗勢力もかつてないほど弱い。「普通の国」になるのが当然だという意見が広がる。いつまでたっても隣国との関係がうまくいかずフラストレーションが高まる。これが現状だと思います。

朴喆熙所長: 時間があまりありませんので、若宮先生一言だけお願いします。

若宮啓文・元朝日新聞主筆: 慰安婦問題について朴喆熙所長からコメントがありましたが、これは非常に難しい問題だと思います。私の意見を申し上げると、去年野田政権の時に、李大統領が竹島に行く前ですが、かなりいろいろな模索があって、結構いいところまでいったのですが結局いたらないところがあったということは承知しています。それは多分以前あったアジア女性基金のような、事実上は国庫から予算が出されていたように工夫をして、それを継続させてなんらかの補償をするような模索がなされたのだと思います。結局だめだったのですが。

安倍さんになると実際にはより難しいですよね。安倍さんはそういうことに強気ですから。ただひょっとして、日韓がいろいろな要因から「やっぱ

りこれを解決しないとまずい」ということになれ
ば、カーティス先生がおっしゃるように、安倍さん
が右の勢力を抑えやすいというのは確かにあるの
で、問題解決の可能性がないわけではない気もし
ます。ただその場合には、アジア女性基金などの経
緯も踏まえて、少なくとも韓国政府は当事者への対
応を含めイニシアティブをとらなければならないの
ではないかと思います。そういう状況を管理し、例
えば北朝鮮の今のような状況を踏まえて日韓が
もっとがっちり手を握らなければならない。「中国
があるから日韓は手を結べ」というような中国要因
はなかなか難しいと思います。

今のような状況の中で、独島・竹島問題の解決は難
しいけれど、慰安婦の問題については片をつけよ
うという、そのような同意ができないものかと、ほ
のかに私も期待しています。

朴喆熙所長: 私は先生の下で勉強させてもらったので、日
本政治の見方はほとんど同じで異論はないのです
が、先ほどのcheck and balanceの話を少ししたい
と思います。私はよく日本政治を説明するときゴ

ルフに例えるのですが、昔は左の壁が強かったので右のOBは出なかった。ですから昔はしっかり打てば真ん中か右よりにはなってもOBにはならない、という状況が長く続いた。だから革新の政党、また自民党の中のリベラルが、それをしっかりOBにならないように守っていたのですが、それが崩れている。今の状況を見ると、先生がおっしゃるように、維新の会とか、みんなの党はそこまで右よりでないにしても、どちらかというと自民党より右よりかもしれない。これらの党は、いわば自民党の応援団です。一緒になってもおかしくないような政党ばかりですし、民主党もやはり一部の保守派は自民党に入ってもおかしくない。このようなリベラルがいない状態は非常に心配です。私は左利きではないので左のゴルフはしたことがないのですが、右の壁が強くなるとどのような影響が出るかわからない。これが外交政策などにどのような影響を与えうるのかが非常に心配です。

もう一つ付け加えれば、公明党です。公明党が自民党と連立を組んで10年以上になりますが、10年ほど前に公明党の幹部の方とお話をした時に、「なぜ連立を組むのか」と伺ったことがあります。そのときに彼は「自民党の右傾化が心配だからだ、我々はそれにブレーキをかけたい」とおっしゃって、私はそれに感服しました。それから1年経って再度お会いしたときに、「外から見るとあまりブレーキがかかっていないように見えますが」と言ったことがあります。それには「ちゃんとかけているよ。あなたが見ているよりは自民党の右傾化のスピードは遅くなっている」と。さらに1年経っても、私から見たら全然ブレーキがかかっていないので、「公明党のブレーキは故障したのですか」と冗談で言ったことがあるほどです。なぜこんな話をするかというと、公明党は自民党に対していろいろな役割を果たしているのですが、check and balanceの観点から見ると、公明党は自民党に対してチェックの役割を果たしていないように見えます。

公明党は本当にこの役割を果たすことができるのか。もし参院選で自民党が単独過半数を取るようなことになれば、公明党は単なる付き物になり捨てられる状況になるかもしれないので、大丈夫だろうかと心配しています。

カーティス教授: 今日はずっと「今はうまくやっているが
　　これがいつまでつづくのか」という点を議論してい
　　ます。
　　まず慰安婦の問題です。私が「こうすべきだ」と言
　うのと「こうなるだろう」というのは全く違います。
　韓国はどうも法的責任を求めるのですが、これは
　なかなか日本政府にとっては難しい。ただ韓国も日
　本も、そういう具体的なことが決まらなくても自分
　なりに解釈できるような見方があるはずです。法的
　責任という言葉を使わないで、日本政府が自らの責
　任を具体的な形で認める。私は日本政府が、国が
　お金を差し上げるのは、日本から見ればそれは人道
　的だと解釈するけれども、韓国から見ればそれは日
　本が法的な責任を認めたとなるように思う。やは
　り安倍さんが日本政府の金を直接現在生き残って
　いる方々に差し上げる、これだと思います。ただこ
　れは大変な決断で、彼はそのことをしたくない。イ
　デオロギー的な彼は日本のかつての行動に強制性
　はなかったという立場ですから。ただ日本の公
　益、東アジアの平和と安定を考えればこういう思
　い切ったことをするべきだと彼が思うためには、や

はり韓国がそうした問題をないことにする、これに
よって日韓の新たな道を開くというような、朴大統
領と安倍さんの間の信頼関係の問題だと思いま
す。それさえあれば、私は可能性がなくはないと考
えます。日本にとって韓国とよい関係を維持する
のは非常に重要なことです。韓国も日本もアメリ
カの同盟国ですから、同盟国同士の喧嘩は困るこ
とになる。中国がますます大きな存在になってきて
いますから、それに対してバランスを取るために
は、日・米・韓の関係を強化する必要がある。こ
う考えると、なんとかこの慰安婦問題において日本
が大きな譲歩をして、それに対して韓国が「それな
らこの問題は解決した」となるように、お互いの大
きな決断が求められる。先にも言ったように、歴史
問題を国内の政治的立場を強めるために使うのは一
番無責任な行動です。韓国であろうと、日本であ
ろうと、アメリカであろうと同じことです。
もう一つは公明党の話です。今朴先生がおっ
しゃったように、公明党が自民党と組んだとき
に、自民党の右傾化をけん制するつもりであると
よく言っていましたが、実際には自民党とあまり変

わらないようなことをやっています。ただ公明党
は、自民党のいわゆる右よりの人たちの意見とは
やはり根本的に違う。問題は96条の改正に対し
て、公明党の中でもこの危険性についてあまり認識
していないことです。要するに公明党は憲法改正
に反対していない。憲法改正には反対していない
が、自民党の右派が求めているような改正に反対
しているだけです。次に何を改正するかで意見が分
かれているだけであって、改正条項を直すことにつ
いては問題がないという立場です。だから私は公明
党が憲法改正に賛成する可能性はあると見ていま
す。これからマスコミがこの問題をもっと取り上げ
ないといけません。最終的には、公明党が離れる可
能性もあります。公明党が離れるとなると、維新
の会が同じぐらいの勢力になれば、自民党＋維新
の会＋みんなの党で3分の2の勢力を衆参院両院で
獲得する可能性がある。
ですからいろんな意味で、今は新時代に突入して
いる。この新時代における日韓関係をどう考えて
いくのか。今までのように継続してもいいことは一
つもありません。日韓関係の未来図をもって問題

を解決して、将来に向かって新しいことを、日米韓の間でやり遂げていく必要があります。

2. 自由討論

高麗大学大学院生: 質問が二つあります。まず日本の経済について、アベノミクスは今の時点では肯定だと評価されていますが、必ずしも今の状況が続くとは思いません。いつかはバブル崩壊のように崩れると思います。そうなると一番問題になるのは国債の発行です。為替市場で国が関与して円の価値を下げると後になって大きな問題が浮上すると思うのですが、もし今の状況が続くのであれば、その欠点としてあげられるのは何かということが一つ目の質問です。

もう一つは、独島問題の解決案として「言わない、話さない、できるだけ無視する」との3点をあげられたのですが、韓国が今の態度を続ければ日本も無視することに限度があると思う。解決の方法として一番効果的な考えをお聞きしたいと思います。

ソウル大学大学院生: 日本の政治における国民の影響力はどれぐらいのものなのでしょうか。日本では、石原知事や橋下市長、日本維新の会や最近の右翼の浮上に対する国民の支持がどんな傾向を持つのかをお聞きしたいです。日本の国民の間ではこのような右翼中心の政治は望ましくないという意識があるのでしょうか。そしてもし国民が政治に関心がないとなると、日本の政治は政治家によって変わるのでしょうか。

東京大学交換留学生: 憲法96条を変えない方がいいとおっしゃいました。アメリカも硬性憲法で、憲法を簡単には変えられないようになっているとおっしゃいましたが、世界にはアメリカや日本と違って軟性憲法、変えやすい憲法を採用している国が結構あると思います。もちろん日本がこれまでの硬性憲法をいきなり軟性憲法に変えるというのもリスクがあると思いますが、軟性憲法に変えるというのも一つの道として考えられるのではないでしょうか。

もう一つは安倍さんが日本の総理では初めてフェイスブックを始めて、見ているといろいろ面白いのですが、安倍さんの投稿に対して中国人や韓国人からのコメントがあり、それに対する日本人のコメントもあって、結構議論が起きています。その中で日本人がアメリカに住んでいるフランス人になりすまして韓国と中国を批判するということがありました。その人が言うには、韓国はこれまでに何回も賠償を求めてきている。その度に日本は謝罪をして、賠償もこれまで十分にしてきたと思っている。ただ、日本の中にも色々な意見を持っている人がいるから、たまには石原慎太郎みたいな人が出てくることもある。それに対してまた韓国や中国がやっぱり日本は反省していないといって、さらに謝罪と賠償を求めてくる。慰安婦問題に関しては私も解決すべきだと思っているのですが、日本の国民の中には「韓国と中国はいつまで日本政府に賠償を求めてくるのか」という不安感があると思う。それを日本と韓国の政府がそれをどう納得させていったらいいでしょうか。

カーティス教授: アベノミクスの欠点は、いわゆる基本的な問題の解決を何一つしていないことです。人口が減る、社会が高齢化する、女性の雇用機会を増加させない、移民政策はまったく取らない、規制がありすぎる。こういうこと解決せずにいくらお金をばら撒いてもよくなるとは思いません。アベノミクス、ABEとはAsset Bubble Economyとよく揶揄されますし、その危険性は多分にある。早く思い切った構造改革、農業、医療などを含めて色々なことをやるということ、それだけです。

独島の問題に解決策はありません。北方領土問題は別として、領土問題の解決策は「解決できないことをまず認め、棚上げする」ことです。独島問題を棚上げにする方法は、問題にしないことだと思います。

国民の政治への影響については、日本も民主主義国家ですので、基本的には国民が選んでいる政治です。日本の政治が右翼化しているとは思いません。石原氏のような右翼はいますし、橋下徹に関しては右翼か何翼か分かりません。石原慎太郎はレイシストで反米・反中です。昔はそういう彼が総

理大臣をめざして国会議員をしていましたが、全然
だめでした。それで諦めて、総理大臣になっては困
るので都知事にでもなればいいじゃないか、という
日本人の知恵が働いたのだと思います。今は国会議
員になったけれど影響力はゼロといっていいくらい
です。右翼の人はいるけれど、政治が右翼化に
走ってはいません。

憲法改正についてですが、指摘の通り割とやりや
すい国もありますが、先進国の主な国は改正を難
しくしています。一番の問題は、日本にとって憲法
改正をしやすくすることが本当にいいことなのかど
うかです。何のために安倍さんは3分の2を過半数
にしたいのか。国民の大きなマイノリティ、少数派
が反対するような改正をしたいという点に問題が
あるのです。憲法を改正するのであれば、自信を
持って国会議員の3分の2の支持を得た上で国民投票
を実施する方が私はいいと思います。豪、米、独
などの国家も改正しにくい規定になっています。
ハードルを高くすることは民主主義にとって一つ
の tyranny of the majorityを防ぐための 保証になる
と思います。

また、日本は何をやっても韓国にまだ謝罪が足りないと責められ、また賠償金を求められるのではという点ついて、私はそんなことはまったくないと思っています。謝罪の問題ではありません。十分に謝罪してきたと思うし、謝罪の言葉はずいぶん述べてきました。問題は言葉ではなく、日本人の姿勢や態度です。当事者が本当に納得できるよう、日本は醜い歴史、苦しんだ人たちに対する歴史観に十分に対応することが必要です。韓国は賠償金など全く求めていません。慰安婦に対する賠償を求めているというのは、お金の問題ではありません。だから謝罪とか賠償金とは違うレベルで具体的な形で彼らに謝るべきであって、これは―私がこんなことをいう立場ではないかもしれないけれど―日本の韓国に対しての理解のなさの表れだと思います。

来賓1: カーティス先生の今日の講演の内容は明快で、現在東アジアにおける韓国と日本の間の問題、日本と中国との問題をどう解決するか、その道をはっきりと示していただいたと思います。問題は東アジ

アの国々が先生のおっしゃるとおりに実践できない
ということです。

短く一つだけ申し上げたいのは、慰安婦の問題で
すが、カーティス先生と若宮先生がおっしゃった
とおり、日本政府が安倍政権の下で長期政権と
なって、指導力を持って韓国に対して慰安婦問題
の解決を図るべきだと思っているのですが、問題
は韓国政府です。私も最近まで政府関係の仕事を
していたのですが、最近の状況を考慮すると、も
し日本政府が慰安婦問題に対して、法的責任とま
ではいかなくとも、両国が適当に解釈できるよう
な言葉を探すことはできると思うのです。問題
は、現在韓国国内で慰安婦問題はあまりも大きく
なっているので、韓国政府が取れる政策に限界が
あるということです。この問題は両国民の非常に感
情的な葛藤の種になっていて、今では少女像の問題
とかあるいはアメリカのいくつかの州に建てられた
メモリアルの問題とか、さまざまな問題に拡張さ
れています。もし日本政府がこの問題に対して前向
きな政策を取っても、また今の朴政権が日本との関
係を強くするための政策をとっても、これは国民

の間で解決されるのか、これにたいして私は少し悲観的になっています。この問題の解決なしには、先生がおっしゃった東アジアにおけるセキュリティー・コミュニティーはまだまだ遠い話ではないかと思っています。

来賓2: 先ほどの大学院生による質問と同じ内容になりますが、日本で今アベノミクスばかりが盛んに言われ、昨年の安倍さんの自民党総裁選挙あるいは衆議院選挙の際の発言は、韓国あるいは中国側からは右傾化の流れを表すものではという心配がありました。選挙の際に右翼勢力からの妨害によって落選した議員達がいたようです。例えば民主党の仙谷官房長官。彼の選挙運動を右翼がマイクやスピーカーで、「大韓民国」という2002年のサッカーワールドカップ共催の時の応援音頭で妨害したらしい。それは、「仙谷が親韓派である」という、いわゆる「褒め殺し」ですね、これらの行動によって落選したと聞いています。もちろん他の理由もあるでしょうけれど、やはりこのような右翼勢力の政治関与によって政治家が落選する。政治家にとって落選は殺されることと同じです。このような雰囲気が、1920年代の日本における大正デモクラシーを『暗殺の政治』で終わらせたそのような過去を思い出させるような流れが一時的なものなのか、あるいは日本社会全体が右傾化しているのか。日本の方に聞くと「右傾化はしていない」と言います。先生も先ほど「政治の右翼化はない」とおっしゃいましたけれど、このわずか一部の勢力によって政治が操られているのでしょうか。

東京大学の藤原帰一先生のコラムを読みますと、日本の人口の１％にも満たないこの右翼の主張に対して誰も反論しなくなり、これが日本において歯止めがなくなっていることが心配であると指摘しています。

民主党政権が2009年に政治に変化を打ち立て政権与党になったのですが、わずか3年半で自民党が政権に復帰しました。日本社会の全体的な流れ・雰囲気が、そこに向かってしまうのか、あるいはまたリベラルな政治勢力が巻き返して力を取り戻すことができるのかという点について教えていただければと思います。

ソウル大・国際大学院生: 今日の話を聞いて、韓国が日本との関係において、韓国が今までのアグレッシブな態度ではなくこれからは協力的にならなければいけないと考えたのですが、安部さんが総理大臣になった後、今年に入ってから河野談話の問題や靖国問題が取り上げられ、韓国としては平和的な雰囲気を持ちにくいのではないかと考えます。そうなれば今までのような関係を繰り返してしまうことになると思うのですが、それは韓国だけではなく日本にも同じことが言えると思います。これから協力的な関係を築くためには日本は何をしなければならないのでしょうか。

ソウル大・国際大学院生: 安倍総理がアメリカでオバマ大統領と会談した時中国に対する日本の態度がソフトになったとおっしゃいましたが、最近の尖閣問題を取り巻く動きを見るとそれとは逆の政策や発言を繰り返していると思います。これからの安倍政権は、先生がおっしゃったように中国に対してソフトなスタンスを維持するのか、台湾と組んで問題を解決しようとするのか、考えをお聞きしたいです。

東京大学・学生: 究極的には国民の相互理解があればい
いと思います。そのための有効な政策があるとお考
えでしょうか。例えば交換留学などもひとつの方法
だと思うのですが、他に何かあれば教えて下さい。

カーティス教授: 右傾化の心配を否定できないのは事実
です。たださっきの話のように右翼の人たちが黒い
宣伝カーに乗って候補者を非難したり邪魔したり
するという行為がありますが、これは昔からあるこ
とで、これらの行為が最近激しくなったとは思わ
ない。仙谷さんが落選したのは右翼による妨害に
よるものではなくて、彼は民主党の責任者の一人
でしたから、それに対しての有権者の怒りがあった
と思います。大きな期待があったのに、それに対す
る失望が表れたのだと思います。ああいった右翼
の行為は許されるべきではないとは思いますが、昔
からあったことは事実です。右の勢力からの私自身
に対する攻撃も、時折怖くなるぐらいです。どこ
の国にもあることなので、あまり気にしないように
はしていますが。
　河野談話については、安部さんは見直すことはし

ないという立場です。以前は見直すべきだと言っていましたが、総理大臣になってからは河野談話を問題にしない、見直さないと言っています。ただそれはそれとして、もっと積極的に韓国との関係改善のために尽力すべきだと思うのですが、なかなかそういった行動にでないことは残念だと言うしかありません。安倍さん自身が国益のために韓国といい関係を持ちたいと思っていることは間違いないと思います。ですからこれはクールに日韓の首脳同士が話し合って、問題を解決していくという態度で前向きに考えていくしかないと思う。

協力するということということに関しては、先ほどの学生の質問にも繋がりますが、日韓の人々の間に根付かなければなりません。学生の交換留学などはもっと大胆にやるべきだと思う。もう一つは、これはアベノミクスの問題にも繋がりますが、大胆な改革を日本はなかなかしない。例えば韓国なら、金泳三の時代に高等教育の大胆な改革を行いましたよね。ソウル大学を含めた大きな大学に、グローバリゼーションのための支援を韓国政府が行って、これによって韓国の高等教育に根本的な大変化が起きた。私は昔から韓国によく来ていましたが、これほど英語を話せる若い韓国人が多いことにびっくりしています。日本の大学で英語で講演をすることは難しいけれど、韓国ではどこの大学に行っても英語でできます。コロンビア大学の大学院に来る学生は、アジア人では中国人が一番多くて、2130人だったと思います。これは5年間で4倍に増えました。確か韓国人は780人ぐらいだったと思います。これは5年間の間ほとんど変わっていません。日本人学生の数は5年間で4分の1に減り、今は180人ぐらいだったと思います。以前に比べてものすごく少ない。日本人学生が減る傍ら韓国人・中国人の学生は増えている。さまざまな理由がありますが、日本には特に外国で勉強するインセンティブがない。留学して帰国した時それがプラスになるかマイナスになるか。韓国にはover-doctorという言葉があるぐらい、アメリカ大学出身のPh.D.が多いでしょう。アメリカの学位を持つということは韓国では非常にプラスになる。しかし日本では、学界以外ではPh.D.を持つことは必ずしもプラスになることではありません。会社に入り5年ぐらいで留学をすると、いない間に同僚が終身雇用制の大きな会社だとだんだん昇進していくでしょう。そうなると戻ってきたときに自分が損している気分になる。こういった問題は韓国にはありません。韓国の方がずっと上手にグローバリゼーションの波に乗っていると思います。

協力するということはお互いに見習うということです。日本はあまりにも韓国を見ない。ローモデルとしてアメリカのことはよく見ているし、ヨーロッパも参考にします。しかし韓国のことを参考にしているかと言えばあまり参考にしていないように思えます。なぜだろうかと考えると、やはり韓国には日本に教えるものがあるという意識があまりないということ。でもやはりお互いに見習うべき部分があると思います。よく日本の高等教育改革について意見を聞かれます。6・3・3制度を改正しよう、かつての制度に戻そうとか言いますが、そうではなくて今のグローバリゼーションの時代に求められる日本の高等教育は何かと考える時、やはり韓国はすごく参考になると思います。韓国がしているようなことをもう少しやれば、日韓関係に非常にプラスになる、そう思います。交換留学も、大きなミサイル一つをつくる費用に比べれば大した額ではありません。日本国際交流基金に予算を回すとか、韓国国際交流基金が日韓関係改善のためにお金を使うとか、アイディア自体は難しくありません。やはり政治的な意思があるかどうかです。それさえあれば日韓関係はよくなると私は思います。

中国についての質問で、安倍さんが中国に対してソフトな立場を守るかということでしたが、全然ソフトではありません。ただ挑発的ではないというだけです。尖閣問題については、私はハードすぎると思っています。軽率であることを認めて話し合うべきだと思うのですが、ただ安倍さんは非常に強い立場で「尖閣は日本の領土で、それについて話し合うつもりはないが、他のことなら話し合いましょう」という考えですが、これにも建前と本音が色々あるので複雑です。中国がこの問題について日本に対してエスカレートした態度を取らずに解決の方向へ向かおうという気になれば、なんとかなるとは思う。ただ日中関係において主な問題は中国の方にある。なぜ中国は—南シナ海についても同様ですがーここまでアグレッシブなのか。ここ150年ぐらいの歴史を無視して、19世紀のパワー・ポリティクスの認識で中国が行動していると思うと、困ったものだと思います。

民主党については、私はなくなると思います。次の参院選が終わった後に分裂する可能性が大いにあります。あの政党の問題は、考え方の全く違う人たちが集まり、鳩山由紀夫という無能の政治家を総理大臣にしたこと、そして「壊し屋」と呼ばれる小沢一郎という要素があったことでした。最初に民主党の総裁になったのが鳩山さんではなく野田さんであったら話が違ってきたとも思うのですが、しかしこればかりは話しても仕方ありませんね。残念ながら民主党の時代は始まったと思ったら終わってしまいました。

朴喆熙所長: 若宮先生、最後に何か一言ありますか。

若宮啓文・元朝日新聞主筆: 私はカーティス先生ほど日本が右傾化していないとは思ってなくて、右傾化しているというのは事実だと思います。ただし右傾化というのは全てが悪いことでは必ずしもなく、戦後ずっとイデオロギッシュな左翼という存在がブレーキになっていたというのは事実ですけれど、彼らが正しかったのかというと、これも危なっかしい存在でもあった。そういう勢力がかなり存在感を薄くし、言わば中間的な、健全な層が増えたのだと思います。そういったレフトとライトが大きなかたまりとなり、左の極端な勢力がなくなり、右の極端な勢力だけがかなり目につく。そういう意味でバランスが少し悪くなっているのは事実ではないかと思います。

日本社会は戦後良くも悪くもバランスを取ってきた。私の著書『和解とナショナリズム』にも書きましたが、和解の方に動き出そうとすると国内でナショナリスティックな方に走る。どこまで意識しているかは分かりませんが、このような揺れを繰り返して来ている。90年代以降日本はかなり謝罪を重ねて、従軍慰安婦問題についてもアジア女性基金で相当やったのですが、その結果うまくいかなかったり経済が落ち込んだりしている間に、中国が力をつけ北朝鮮は核開発を続けるといった問題が明るみに出る、拉致問題が明るみに出る、一番仲良くなったはずの韓国からも歴史問題についてもいつまでも色々いわれる、ということを経験した日本全体の空気が変わってきたのも事実だと思います。そこに便乗して右が非常に元気に見えるのです。だからこそ中間的な人たちが道を間違わないようにしなければいけないというのが私たちの思いです。そこのところを理解して、ぜひ韓国も日本の中間層に手を差し伸べたり握手していただくことを考えてほしい。右の人たちだけを意識してモノを言うと、真ん中の人たちも韓国全体をおかしな目で見てしまうのではないかと思います。

カーティス教授: 右傾化の傾向が全くないわけではなくて、そういう要素も確かにあります。ただし日本は段々と「普通の国」に向かっていきます。日本だけが「普通の国」になってはいけない、そうなればそれは右傾化だ、と言い過ぎると実際に右傾化します。「普通の国」になって、例えば集団的自衛権を認めても―個人的には賛成しないけれども―日韓関係が非常にいい状態で日本がそうなればいいのです。何でもかんでも「右傾化」「右へのシフト」と捉えると、日本は周りの国に受け入れてもらえないというフラストレーションを感じるようになります。ですから言葉を注意深く使う必要があります。日本が変わっていくのは不可避なのですから。

アジアも変わっていきます。昔のアメリカのヘゲモニーの下でのアジア秩序ではなく、もっと多極的、多者主義的な秩序の中で韓国はうまく立ち回らなければなりません。客観的に情勢を見極めて、どのようにすれば韓国の国益に繋がるような日韓関係を構築できるか、こういったシンプルな問題の答えを模索することが、これからの若い人たちの責任であると私は思っています。

역자 후기

이러한 시점에서 커티스 교수님의 '이제는 아시아가 예전 같은 미국의 헤게모니 하에서의 질서가 아니라 더욱 다극적이고 다자주의적인 질서 속에서 잘 처신해야 한다'는 말이 더욱 절실해짐을 느낀다. 본 대담의 번역을 통해, 정세를 객관적으로 파악하여 어떻게 하면 한일 관계를 한국의 국익으로 연결되도록 구축할 것인지를 모색하는 것이 지금 우리들이 가져야 할 자세임을 자각하며 보다 나은 아시아의 미래를 그려본다.

유 지 아

커티스 교수님의 강연록을 번역하고 교정하는 사이, 지난 21일 일본에서 참의원 선거가 치러졌다. 결과는 일본 연립 여당인 자민당과 공명당의 의석수가 각각 84석에서 115석, 19석에서 20석으로 늘어 참의원 242석 중 135석을 차지하게 되었다. 이에 앞서 지난해 말 실시된 일본 중의원 선거에서도 연립 여당은 대승을 거둬 현재 과반수가 훨씬 넘는 의석을 보유하고 있다. 또한 각종 경제지표도 아베노믹스에 힘을 실어주고 있다. 일본 내각부에 따르면 올 1분기의 전분기대비 일본 경제성장률은 1%이다. 지난해 2분기와 3분기에 각각 -0.2%, -0.9%로 마이너스를 지속하고 4분기 0.3%를 기록한 이후 상승세를 이어가고 있는 것이다.

이에 따라 일본에서, 아베 신조 정권의 경제정책을 뜻하는 아베노믹스를 견제하기는 사실상 어려워졌으며, 평화헌법 개정 움직임 등 우경화로 인해 주변국과의 갈등이 심화될 것이라고 전망하고 있다. 따라서 참의원 선거 결과 자축 분위기인 일본과 달리, 아시아 주변국과 미국·유럽 등 경제 대국들은 불안한 시선을 거두지 못하고 있다. 특히 아베 총리 당선 이후 급격히 악화된 중·일 관계는 회복 기미를 찾아볼 수 없을 정도로 악화일로이다. 중국 언론들은 이번 자민당 압승으로 기정사실화된 아베 총리의 장기 집권을 담담히 받아들이면서도 달갑지 않은 분위기이다. 미국과 유럽 언론들은 아베 정권의 우경화를 우려하고 있다.

하지만 아베노믹스가 앞으로도 계속 강력히 추진될 것이라고는 단정하기 어렵다. 커티스 교수님이 말하고 있는 선거 이후 구조개혁이 어느 정도 성공을 거둘 것인가 하는 문제가 남아 있기 때문이다. 현재의 상황이 민주당 정치에 대한 응징에서 비롯되었다고 하는 커티스 교수님의 강의 내용을 보았을 때, 일본 국민이 우경화로 치닫고 있다고 판단하기는 아직 이르다고 해야 할 것이다. 또한 아베의 실리적인 외교 경향을 볼 때, 주변국들이 우려하고 있는 사안들을 무작정 밀고 나갈 것인가 하는 점에서도 아직은 결론을 보류할 필요가 있다고 생각한다. 이러한 시점에서 커티스 교수님의 '이제는 아시아가 예전 같은 미국의 헤게모니하에서의 질서가 아니라 더욱 다극적이고 다자주의적인 질서 속에서 잘 처신해야 한다'는 말이 더욱 절실해짐을 느낀다. 본 대담의 번역을 통해, 정세를 객관적으로 파악하여 어떻게 하면 한일 관계를 한국의 국익으로 연결되도록 구축할 것인지를 모색하는 것이 지금 우리들이 가져야 할 자세임을 자각하며 보다 나은 아시아의 미래를 그려본다.

저 자 | 제럴드 커티스 *Gerald Curtis*

미국 컬럼비아대 정치학과 졸업(정치학 박사). 현재 동 대학 교수로 재직 중이다. 컬럼비아대 동아시아연구소 소장, 뉴스위크 편집고문, 미국외교협회 이사, 미국 정치학회 이사, 미일재단 이사, 일본 와세다대 객원교수, 도쿄신문 칼럼니스트 등을 역임했다. 대표 저서로는 'The Logic of Japanese Politics(2000)', '政治と秋刀魚 - 日本と暮らして四五年(Politics and Sanma: 45 Years Living With Japan, 2008)', 'Getting the Triangle Straight: Managing China-Japan-U.S. Relations(2010)' 등이 있다.

저 자 | 와카미야 요시부미 *若宮啓文*

일본을 대표하는 언론인으로, 도쿄대 법학부를 졸업했다. 아사히신문 정치부장 및 논설주간을 거쳐 장기간 주필로 활동하여 널리 알려졌으며, 도쿄대·게이오대·류코쿠대 객원교수와 브루킹스연구소 객원 연구원을 역임했다. 현재 서울대 일본연구소 객원 연구원으로 활동하고 있다. 대표 저서 및 공저에는 '戦後保守のアジア観(전후 보수의 아시아관, 1995)', '韓国と日本国(한국과 일본국, 2004)', '和解とナショナリズム(화해와 내셔널리즘, 2006)', '右手に君が代左手に憲法 - 漂流する日本政治(오른손에 기미가요, 왼손에는 헌법: 표류하는 일본정치, 2007)' 등이 있다.

저 자 | 박철희

미국 컬럼비아대 정치학과 졸업(정치학 박사). 현재 서울대 일본연구소 소장 겸 동 대학 국제대학원 교수로 재직 중이다. 일본 정책연구대학원·한국 외교안보연구원 조교수를 역임했으며, 도쿄신문 칼럼니스트로도 활동하고 있다. 주요 저서 및 공저로는 '자민당 정권과 전후체제의 변용(LDP Politics and the Transformation of Postwar System in Japan, 2011)', 'Changing Power Relations in Northeast Asia(2011)', 'U.S. Leadership, History, and Bilateral Relations in Northeast Asia(2011)', 'East Asia's Haunted Present(2008)', '代議士のつくられ方—小選挙区の選挙戦略(일본의 국회의원이 만들어지는 법, 2000)' 등이 있다.

번 역 자 | 유지아

중앙대학교 사학과 졸업. 일본 릿교대학교에서 일본현대사 연구로 석·박사 취득.

주로 전후 미국의 일본에 대한 점령 정책과 아시아 관계 연구. 현재 국민대학교 일본학연구소에서 연구 교수로 재직.

번역서 '교착된 사상의 현대사(윤건차 저)', '일본근현대사시리즈7 - 점령과 개혁(아메미야 쇼이치)'.

IJS 서울대학교 일본연구소
Reading Japan 10

커티스 교수와의 대담

아베의 일본은 어디로 향하고 있는가

カーティス教授との対話
安倍の日本はどこに向かっているのか

초판인쇄	2013년 08월 06일
초판발행	2013년 08월 12일

기 획	서울대학교 일본연구소
저 자	제럴드 커티스(Gerald Curtis)·와카미야 요시부미(若宮啓文)·박철희
번 역 자	유지아
발 행 처	제이앤씨
발 행 인	윤석현
등 록	제7-220호

주 소	서울시 도봉구 창동 624-1 북한산현대홈시티 102-1106
전 화	(02)992-3253(대)
전 송	(02)991-1285
편 집 자	주수련
책임편집	김선은
전자우편	jncbook@hanmail.net
홈페이지	http://www.jncbms.co.kr

ⓒ 서울대학교 일본연구소, 2013. Printed in KOREA.

ISBN 978-89-5668-971-5 03910   **정가** 8,000원